WILLS

of

Washington County, Maryland

and Other Estate Documents

AN INDEX: 1776–1890

Originally Published by Traces

Compiled by

Dale Walton Morrow
and
Deborah Jensen Morrow

HERITAGE BOOKS
2011

HERITAGE BOOKS
AN IMPRINT OF HERITAGE BOOKS, INC.

Books, CDs, and more—Worldwide

For our listing of thousands of titles see our website
at
www.HeritageBooks.com

Published 2011 by
HERITAGE BOOKS, INC.
Publishing Division
100 Railroad Ave. #104
Westminster, Maryland 21157

Copyright © 1977 Dale Walton Morrow
and Deborah Jensen Morrow

Other books by the authors:

Distribution of Estate Accounts, Washington County, Maryland, 1778–1835

Marriages of Washington County, Maryland: An Index, 1799–1860

Washington County, Maryland Cemetery Records: Volumes 1–7
Dale Walton Morrow

Wills of Berkeley County, West Virginia, 1744–1880

Wills of Jefferson County, West Virginia, 1801–1899

Wills of Washington County, [Maryland], 1776–1890

All rights reserved. No part of this book may be reproduced or transmitted in any form or by any means, electronic or mechanical, including photocopying, recording or by any information storage and retrieval system without written permission from the author, except for the inclusion of brief quotations in a review.

International Standard Book Numbers
Paperbound: 978-1-58549-243-5
Clothbound: 978-0-7884-8800-9

INTRODUCTION

Washington County, located in the Hagerstown Valley (south of the Cumberland Valley in Pennsylvania and north of Shenandoah Valley in Virginia), was the hub of migration for many early pioneers heading south to Virginia and Kentucky or west to Ohio and the plains states.

This book was taken from the document titled "Index to Decedent Estates (1776-1890)," housed in the Clerk's Office of the courthouse in Hagerstown, Maryland. The original books containing wills are now located in the Hall of Records in Annapolis, Maryland. Copies of the originals are in the courthouse at Hagerstown and can be copied for 50 cents per page by writing to:

Registrar of Wills Washington
County Courthouse
Hagerstown, Maryland 21740

Earlier supporting documents are in the Hall of Records in Annapolis and there are no copies available in Washington County. Listed below are the supporting documents which are available and the dates:

1.) Minutes of Proceedings - Orphans Court from 1806 to the present.
2.) Guardian Account from 1852 to the present.
3.) Docket of Proceedings from 1852 to the present.
4.) Executors and Administrators Bonds from 1856 to the present.
5.) Executors and Administrators Accounts from 1852 to the present.
6.) List of Sales from 1853 to the present.

The names in this index are in alphabetical order by surname followed by given name. The dates of the wills are from 1776 to 1890; however, the reader will occasionally find a date earlier than 1776. These were copied from wills of other counties in Maryland, Pennsylvania and Virginia. Instances of this kind are rare and are included in this index only because they are included in the index found in the courthouse in Hagerstown.

Designations:

w	Will
f	Supporting Documents
fw	Will/Supporting Documents
nl	Name appears, but nothing is listed for that person.
nd	No date given.
bet.	Between; dates of entries are those before and after person.
bef.	Before; date of entry following name.
(N)	Negro.

WILLS OF WASHINGTON COUNTY, MARYLAND
An Index: 1776 - 1890

ABELL, Jos. f1810
ABBOTT, Ben. f1803
    Wm. w1792
ABERT, F(t)etrick f1783
ABEST, Fredk. f1785
ACKHART, Henry f1803
ADAM, Henry f1819
ADAMS, Amos f1873
    Chas. fw1862
    Cath. fw1863
    Eliz. fw1884
    Geo. fw1829
    Jac. f1851
    Jas. f1826, f1837
    Jno. fw1808, f1843, f1849
    Jno. A. f1875
    Jno. Alex. f1882
    Mala f1868
    Marg. fw1886
    Pet. J. f1889
    Sarah fw1880
ADLEY, Chas. fw1859
    Horatio f1886
AGNEW, Jas. f1857
AHL, Jno. A. f1884
AHLBORN, Fredk. fw1882
AKELBARGER, Mich. f1784
ALBERT, Geo. f1880
    Jno. fw1860
    Priscella fw1839
    Tho. f1865
    Wm. fw1827
ALDRIDGE, Jos. fw1855
ALLABAUGH, Jno. f1826
    Mary w1810
    (2) fw1863
ALLEBAUGH, Barb. fw1804
ALLEN, Jas. f1813
    Jno. f1794
    Wm. (2) f1806
ALLENDER, Annie fw1806
    Wm. f1822
ALLSIP, Jos. f1851
ALLWOOD, Helen f1855
ALTEIGH, Mich. f1826
ALTER, Ann f1883, f1888
    Cath. fw1857, f1886
    Chris. fw1804
    Dav. w1823, w1831
    Fredk. fw1814
    Geo. f1825
    Jac. f1888
    Sam. f1815
    Susanah, fw1831

ALWOOD, Jac. F. f1867
    Su. f1858
AMEN, Jno. fw1832, f1833
AMOS, Jas. f1823
ANCONEY, Devolt fw1781
ANDERSON, Geo. W. fw1888
    Jane fw1848, f1856 f1873
    Jno. W. f1831
    Rob. w1853
    Wm. S. fw1870
ANDREWS, Jno. fw1777
    Stephen f1847
ANGLE, Ann L. f1847
    Dav. f1833
    Eliz. fw1835
    Fredk. w1879
    Geo. f1846
    Henry fw1811, f1846 fw1846
    Sam. P. f1856
    Su. fw1887
ANIBA, ElizaBeth fw1858
ANKENEY, Geo. f1807, f1873
    Henry, fw1810, fw1857
    Jac. (2) f1814
    Jno. f1799, f1822
    Jno. T. f1884
    Susannah f1819
ARDINGER, Christian f1828
    Chris. f1807
    Jane f1887
    Pet. f1823
ARENDT, Jac. f1871
ARMESBERGER, Cath. f1820
    Chris. f1811
ARMSTRONG, Alex fw1870
    Su. f1881
ARMSWORTHY, Barton nl 1792
ARNOLD, Fannie w1887
    Jos. f1861
ARTZ, Cath. fw1852
    Dav. fw1872
    Eliza f1864
    Henry, f1806
    Jos. f1812, f1863
    Mary fw1831
    Pet. fw1835
    Phil. f1842
    Sam. fw1870, f1888
ARREL, Geo. fw1853
ASH, Henry fw1801
    Jno. fw1830, f1888
    Jno. Jr. fw1889
    Matilda A. f1889

ASHBERRY, Ann f1823
    Jno. f1820
ASHTON, Cath. fw1861
AUGUSTINE, And. f1821
AULT, Jno. f1787
AUSHERMAN, Lawson, w1888
AUSTIN, Tho. B. fw1843
AUSTON, Jas. w1779
AVEY, And. f1840
    Barb. fw1801
    Cath. fw1826, f1870
    Christian (2) fw1837
    Dav. f1839
    Jac. f1828, fw1863
    Jno. W. f1877
    Jos. w1797
    Mich. f1847
    Pet. f1820, fw1822
    Sam. fw1826, f1830
    Wm. f1830

BACHTEL, And. fw1885
    Dan. B. f1880
    Geo. fw1823, f1886
    Isaac fw1827
    Issac Jr. f1829
    Jac. f1833
    Martin fw1841, fw1849
    Sam. fw1820, fw1846 f1849
    Thdr. C. f1882
BAER, Dan. fw1884
    Sam. f1856
BAGER, Sawney w1859
BAILOR, Geo. C. (2) f1856
BAIR, Christian f1854
    Isaac f1851
BAIRD, Marg. fw1800
    Wm. fw1792
BAKER, Amelia w1855
    And. f1792
    Ann f1875
    Barb. fw1847
    Cath. S. fw1845
    Dav. f1821, f1876
    Elias f1863
    Eliz. w1861
    Fredk. fw1857
    Jac. f1832
    Jno. f1854, fw1855, f1874
    Lucas f1827
    Marg. fw1792
    Nicholas f1812, f1840
    Otho f1877

Otho Jr. fw1882
Pet. fw1804, fw1844
Sam. Sr. (John Sam.)
fw1819
Sam. (s/o J.S.) f1822
Sam. f1842, f1861
Wm. w1789, fw1853
BALLARD, Somerset w1867
BANKS, Jesse f1866
Jesse D. f1882
BARBER, Alex. w1881
BARDSLEY, Ann (N) nl 1784
BARE, Isaac fw1834
Jac. f1852, fw1855
BARGDOLL, Cath. fw1844
BARKDOLL, Fr. f1887
Geo. f1886
Jno. f1877
Jos. fw1874
Jos. F. f1863
Nancy f1873
Pet. f1818, f1859
BARKMAN, Cath. fw1855
Eve f1827, fw1861
Jac. f1808, f1795,
fw1842, f1851
Mich. fw1819
BARKS, Jac. f1832, f1852
Jno. fw1821, f1827,
f1825, f1833,
f1851
Marg. (2) fw1852
BARKSTRASSER, See Bergetraeser
BARKTRASSER, Eliz. fw1847
BARNES, Chas. (N) f1867
Jno. f1798, f1800
Owen f1849
Rich. fw1804
BARNETT, Ann f1864
Dav. f1842
Jac. f1811
Jno. f1828
Theopilus f1880
BARNHART, Geo. f1829
Geo. W. w1804
Henry fw1886
BARR, Barb. f1813
Christiana (2) f1862
Dav. f1846
Dav. J. f1876
Geo. f1832
Jac. fw1840
Jac. H. f1862
Jno. fw1843, fw1854
Jno S. fw1856, fw1858
Lewis A. f1862
Martin f1799

Mary f1856, fw1887
BARRICKMAN, Fredk. K. fw1804
Mary f1816
BARRY, Jas. w1804
BARTGIS, And. fw1850
BARTHOLOW, Mich. f1886
BARTLE, Jno. fw1877
BARTLES, Henry fw1836
Su. L. w1883
BARTLESON, Ciphan f1835
BARTLETT, Rich. f1822
BARTON See Partoon
BARTON, Ben. B. f1857
Jos. f1816
BARTOON, Jac. w1815
BASELER, Mary fw1850
BASH, And. f1799
Catha w1852
BASLER, Gotlieb fw1831
BASNETT, Sam. f1789
Sarah fw1790
BAUGH, Marg. f1849
BAUGHLEY, Martin fw1882
BAUGHMAN, And. f1822
BAUM, Agnes f1804
BAUMBACH, Chas. F. w1882
BAUMGARDNER, Wm. fw1826
BAUSSER, Jno. fw1792
BAYER, Geo. M. See Bower,
Geo. F.
Henry, fw1855, f1872
Mary Ann fw1888
Susanah f1849
BAYLIS, Jno. f1852
BAYNE, Jno. fw1785
BAYSORE, Sam. f1855
BEALER, Cath. fw1857
Sam. f1884
BEALL, Ant. fw1813
Geo. Ross fw1843
Pet. Sr. fw1778
Sam. Jr. fw1778
BEAN, Barton f1835
Ben. fw1821
Chas. f1826
Eliza Jane f1879
Geo. fw1835
Geo. W. f1847
Hopewell fw1863
Sophia f1850
Wm. S. f1840
BEAR, Ann f1815
Cath. fw1846
Eliz. fw1875
Isaac fw1860
Jac. w1781
Jno. fw1863

Martin f1872
Nancy f1882
BEARD, Ad. f1865
Dan. f1850
Eliza f1872
Geo. f1826, f1874
Geo. of A. fw1873
Isaac T. f1888
Jno f1817, fw1827,
f1882
Jos. f1837
Mary f1885
Mich. fw1809, fw1811,
f1839, fw1839,
fw1857, f1873
Nicholas f1806, f1813
fw1877
Nicholas P. f1814
Phil. f1805, f1819,
f1837
Rob. fw1804
Sam. f1837
Solome f1879
Wm. (2) fw1849
BEARSHING, Jno. f1854
Sam. f1854
BEATTY, Elie f1865
Henry E. f1853, f1858
Jas. f1866
Josephine J. f1855
Robley D. f1878
Sarah B. f1881
Stephens R. f1830
Wm. f1814
BEAVER, Jno. fw1841
BECK, And. fw1831
Su. f1855
Thbd. w1802
BECKENBAUGH, Jno. J. f1869
Jno. M. fw1873
Mary A. fw1877
BECKER, Jno. fw1796
BECKLEY, Eliz. H. f1880
Henry fw1813
Jac. f1823, fw1834
Jno. fw1862
BECKMAN, Jos. f1866
Jos. C. fw1832
BECKNELL, Esau f1834
BEDDINGER, Jac. fw1883
BEECHER, Sam. f1821
BEEKLEY, Anna fw1879
BEESLER, Ab. fw1802
Cath. fw1878
Christian fw1828,
f1853
Dan. E. fw1880

Dav. f1862, fwl874
Eliz. f1854
Jos. f1872
Mary fwl844
Pet. fwl872
Sam. wl868
Sam. A. f1872
Su. f1856
BEEZLEY, Ben. f1813
BEHRINGER, Christian wl790
BELCH, Cath. f1815
Jas. f1812
BELL See Beall
BELL, Dan. f1860
Dav. f1835
Eliz. f1860, f1868, fwl870
Fredk. f1839
Geo. f1874
Jac. E. fwl886
Jno. f1832
Jonas f1885
Leon. fwl820
Lewis f1864
Mary fwl870
Pet. Jr. f1801
Su. fwl870, f1872
Su. R. fwl889
Wm. D. f1841, f1843, fwl867
BELLINGTON, Nat. f1836
BELLUM, Cath. fwl876
BELT, Ben. M. f1837
Josiah f1826
Tho. fwl823
BELTZER, Marg. fwl842
BELTZHOOVER, Chas. f1863
BENDER, Ambrose f1836
Geo. fwl834
Henry D. f1858
Herman fwl815
Jno. S. fwl874
Mary f1870
Sam. fwl845
BENNER, Christian wl803
Eliz. fwl818
Jno. fwl825
Mary wl879
BENSON, Tho. f1780
BENTLEY, Ann Marie fwl889
BENTON, Levin f1868
BENTZ, Christiana f1862
Eliz. f1880
Henry wl835, f1852
Henry C. f1887
Henry I. f1851
Jac. f1827

BERGER, Dav. f1868
Su. f1880
Wm. f1882
BERGETRAESER, Ad. fwl834
BERNER, Mcs. f1860
BERRY, Adelaide H. fwl885
Jas. H. f1858
Louisa Jane fwl886
Milton A. fwl886
Washington I. f1866
BESORE, Cath. f1878
Chas. H.S. (2) f1852
Geo. I. f1873
Jac. f1858
Jer. S. f1888
Jos. H. f1852
BEST, A.F. f1877
BESTARD, Wm. fwl859 (Bester)
BETEBENNER, Henry fwl840, f1862
BETEBRUNNER, Jno. f1862
BETERBENNER, Wm. f1862
Fredk. f1783
BETERBURNER, Sarah f1862
BETTS, Fredk. f1873
Jno. f1887
Jno. U. f1862
Tho. P. f1874
BETZ, Eliz. f1856
Fredk. f1808
Geo. W. f1880
Jac. f1821
Mary fwl823
Mary E. fwl866
Sarah f1824
Wm. f1805
BEVANS, Ann f bet. 1852-56
Ann fwl852
Henry A. f1872
Leon. fwl813
Marg. f1825
Tho. f1827
BEYARD, Jno. T. f1861
BIAYS, Jas. fwl865, f1872
Margaretta f1872
BIERLEY, Amelia wl884
Jno. G. f1843
BIERSHING, Camilla E. f1880
Henry fwl843, f1879
Ra. f1880
Wm. f1855, f1880
BIGGS, Augustine H. fwl899
BIGHAM, Albert fwl870
Jos. fwl846
Sam. fwl875
BIKLE, Christian I. fwl874
BILLMYER, Jno. f1852

Martin fwl812
BINGHAM, Ann M. fwl885
Wm. H. f1885
BINKELEY See Bnakley
BINKLEY, Cath. fwl806
Dan. f1860
Geo. f1814, f1829
Gotleib f1810
Jac. f1869
Joanna f1885
Jon. f1831
Pet. f1853
Rosa E. f1884
Sam. f1882
BISER, Mary M. fwl879
BISH, Dav. f1829
Mich. f1832
BISHOP, Ann fwl879
Dan. f1850
Elizah f1870
Jac. fwl784
Jac. C. f1836
Jos. P. f1880
Hanniah f1881
Marg. nl 1798
BISSETT, Jos. f1886
BLACK, Sam. f1794
BLACKBURN, Eliz. fwl786
BLACKFORD, Franklin f1852
Eliza M. (2) fwl879
H.V.S. fwl870
Jno. fwl839, f1881
Mary Julia wl885
BLACKMAN, Alunsus f1878
Fredk. f1827
BLACKMORE, Wm. fwl814, fwl826
BLACKWELL, Ann f1851
Arthur fwl852
Marg. B. fwl855
Walter f1845
BLAIR, And. wl796, f1820
Charity f1837
Dav. wl869
Jas. fwl828
Jessie f1851
Jno. f1799
BLAKE, Cath. fwl868
Jno fwl851, f1868
Tho. f1830
BLASE, Jno. nl 1796
BLECKER, Barb. fwl840
Jac. fwl871
Jno. f1834
BLESSING, Anna f1879
Jno. f1843
BLEW, Ben. f1887
BLOOD, Parker f1832

3

BLOOM, Enock fwl874
    Geo. fwl878
    Sam. fwl872, f1887
BLOOMINGOUR, Mich. wl857
BLOYER, Sophia fwl889
BNAKLEY, Phil. wl842
BOIMAN, Lewis C. f1828
BOESTATER, Jac. fwl843
BOESTLER, Christian fwl833
BOGGS, Sam. E. f1854
BOMBERGER, Cath. fwl881
    Christian f1825
    Jac. fwl848
    Jno. fwl795, fwl848, fwl862
BOND, Geo. fwl777, f1812
    Jno. f1808, f1810
    Walter f1781
    Wm. f1792
BONWELL, Rebecca f1873
BOOK, Cath. f1806
BOONE, Geo. f1825
    Wm. f1798
BOOTH, Bart. fwl785, f1786
    Dan. S. f1879
    Jno. f1841
    Marg. f1878
    Marg. S. fwl879
    Wm. fwl853
BOOZER, Geo. f1852
BOPP, Anna f1877
    Martin fwl860
BOFFE, And. f1889
BOROFF, Ad. f1815
BORTNESS, Phil. f1805
BOSSETT, Tho. fwl795
BOSTATER, Jno. f1850, fwl879
BOTELER, Aar. f1865
    Alex. H. f1824
    Edw. f1822
    Edw. L. fwl881
    Henry fwl814, f1863
    Hzk. fwl848
    Lingan f1864
    Martha H. f1832
    Tho. f1832
BOTEROFF, Mary fwl848
BOULLT, Sarah B. f1876
BOULT, Tho. A. f1876, (2) f1878
    Wm. fwl845
BOUSER, Henry fwl806
BOVEY, Barb. wl824
    Cath. f1825
    Christian fwl880
    Christiana f1848, f1853
    Dan. fwl849
    Dav. f1841
    Eliz. fwl848
    Geo. f1838
    Jac. f1843
    Jno. f1838
    Mary f1883
    Mich. fwl805, fwl844
    Rebecca f1853
BOWARD, And. fwl885
    Geo. O. f1878
    Henry f1885
    Jac. fwl867
    Marg. f1829
    Mich. Sr. fwl859
BOWER, Ab. fwl802
    Geo. wl782, fwl814, fwl820, f1875
    Geo. P. fwl837
    Jac. f1782, f1838
    Wm. f1874
BOWERS, Barb. fwl869
    Eliz. f1829, wl880
    Esther fwl872
    Geo. f1823, f1875
    Geo. W. f1867
    Henry fwl844
    Jac. (2) f1862
    Jno. f1848
    Mich. f1846
    Moses fwl830
    Nancy f1884
    Sam. f1854
    Sarah fwl881
    Wm. wl863
    Wm. T. f1854
BOWERSMITH, Sam. f1860
BOWERT, Mich. wl798
BOWHAY, Wm. P. f1866
BOWIE, Jac. fwl817
    Tho. f1818
BOWLES, Amanda f1880
    Jas. H. f1849
    Jane f1838
    Jno. (2) fwl835
    Jno. J. f1868
    Sam. f1806, fwl878
BOWLUS, Josiah fwl886
    Tho. wl787
BOWMAN, Aar. f1889
    Baltzer wl823
    Dan. fwl844
    Dorothy fwl849
    Elias fwl888
    Fredk. fwl817
    Geo. f1839, fwl870
    Henry fwl836, fwl853, f1861
    Henry Jr. fwl845

Isaac f1853
    Jac. f1824, f1828, f1837, fwl866, f1867
    Jno. wl795, fwl806, fwl847, fwl878, f1880, f1886
    Jos. f1860
    Marg. fwl878
    Sabina fwl832
    Sam. f1876
    Sim. fwl800
    Susannah f1829
BOWSER, Henry fwl854
    Jno. f1831
BOWSTETER See Postetter
BOWSTETER, And. wl806
BOYD, Cath. f1866
    Cynthia fwl846
    Geo. fwl874
    Jos. fwl859
    Matilda fwl837
    Sam. fwl882
    Tho. wl869
    Walter f1828
BOYER, Ad. J. f1883
    Christian fwl810
    Dav. f1846
    Eliz. wl875
    Jac. fwl824
    Jno. fwl844, f1846
    Magdalena f1807, f1808
    Mary f1879
    Phil. fwl794
    Sophia f1883
BOYLE, Jos. f1839
BRADLEY, Phil. fwl875
BRADSHAW, Geo. f1826
    Jno. fwl849
BRADY, Edw. f1869
    Jno. f1828, f1856
    Jno. A. f1831
    Mary A. f1831
    Nat. M. fwl858
    Sallie f1883
BRAGONIER, Jac. fwl842, f1851, f1876
    Sam. f1838
    Sarah f1827
    Upton f1880
BRAGUNIER See Brockunier
BRAGUNIER, Dav. f1814
    Geo. f1862
BRALEY, Martin L. fwl867
BRANAN, Jas. f1805, f1813
BRAND, Sam f1790
BRANNON, Rich. f1870

BRANSTATER, Jno. f1804
    Magdalena fwl831
BRANSTATOR, And. f1816
BRANTER, Geo. f1814
BRANTNER, Eliza f1832
    Henry f1821
    Jac. f1866
    Jno. fwl818, f1877
    Mich. (2) f1851
    Rebecca f1885
BRANTZ, Ab. f1821
BRASHEARS, Josh. f1842
    Mariah fwl838
    Van S. fwl832
BRATHED, Edw. f1804
BRAZIER, Mary fwl872
    Wm. fwl861, f1872
BREAKBLE, Jno. f1821
BREATHED, Fr. fwl836
    Isaac fwl858
    Jas. f1843, f1870
    Jno. fwl852
    Raney fwl839
BRENT, Geo. f1782
BRETT, Henry f1800
BREWER, Ad. f1834
    Allen f1881
    Cath. f1843, f1846
    Dan. f1805
    Dav. f1826
    El. f1886
    Eliz. fwl872, fwl885
    Eliz. S. f1884
    Em. f1839, f1841
    Flo. f1861
    Geo. fwl868
    Geo. I. f1848
    Gustavus fwl815
    Henry fwl837, wl837
    Henry S. f1854
    Jac. H. f1877
    Jac. (of I.) f1846
    Jac. (of P.) f1873
    Jno. fwl832, f1834,
        fwl850
    Jno. A. f1845, f1846
    Jno. A.K. fwl889
    Mary f1834
    Mary E. f1856
    Matilda f1834
    Pet. fwl877
    Pet. S. f1887
    Phil. fwl834
BREY, Cath. fwl887
    Jno. Wolfg. fwl885,
        f1887
    Rob. C. f1888

BREZLER, Chas. P. wl888
    Christian G. fwl884
    Jac. wl887
    Mathias wl887
BRIDENDOLPH, Ben. f1862
    Jno. f1807
BRIDGES, Rob. F. f1846
BRIEN, Jno. McPherson fwl849
    Wm. C. f1835
BRILEY, Su. fwl846
BRILL, Rudolphus fwl801, f1848,
        f1854
BRINDLE, Dan. L. 1886
    Geo. fwl855
    Geo. G. f1846
    Jno. f1829, fwl855
BRINHAM, Mary fwl869
BRINING, Christian wl829, fwl829
    Jno. C. fwl881
BRISCH, Cath. fwl878
    Jno. f1862
    Jno. Jr. fwl866
BRISCO, Ab. f1878
BRISCOE, Chas. fwl841
    Easter fwl869
    Jno. f1852
    Martha fwl792
    Susannah fwl817
BRITCH, Jac. f1843
BROADSTONE, Phil. f1799
BROCKUNIER, Pet. fwl804
BROIDRICK, Jno. T. f1870
    Pat. fwl878
BROMET, Mich. f1832
BROOK, Henry f1859
BROOKE, Tho. fwl789
BROOKS, Julian wl862
BROSIUS, Jac. wl823
    Jos. f1845
    Sam. f1849
BROTHER, Tobias wl796
BROWN, Ben. f1824, f1825,
        f1833
    Cath. f1872, f1878,
        f1881
    Christian f1855
    Christiana fwl869,
        f1878
    Dan. fwl854, f1884
    Dan. D. f1888
    Eliz. f1853
    Geo. f1818, f1829
    Ignatius G. fwl883
    Jas. f1877
    Jer. f1835
    Jno. f1840, wl889
    Jos. fwl884, f1886

Leander f1845
Louisa fwl849
Marg. f1849
Mary Abbey f1826
Rob. f1880
Rudolph wl821
Su. fwl862
Tho. fwl855
Tobias fwl859
Wm. f1843, f1876,
    (2) f1864
Wm. D. f1868
BROWNLEY, Cecelia f1881
BRUMBAUG, Dan. f1824
BRUMBAUGH, And. f1859
    Cath. fwl820
    Dan. f1879
    Dav. f1842
    Eliz. fwl861
    Geo. f1857, f1858
    Henry fwl854
    Henry C. f1862
    Isabella f1839
    Jac. f1799, f1814,
        f1816
    Mary L. f1840, f1855
    Sam. D. fwl876
    Susannah f1861
BRUNER, Jno. fwl849
    Pet. fwl821
BRUNK See Ronk, Runk
BRUNK, Jac. fwl787
BRUT, Tho. C. fwl832, f1837
BRYAN, Fredk. fwl871
BRYNE, Dennis O.nl bet.1842-44
BUCHANAN, Ellenora E. fwl861
    Harriett f1872
    Jas. fwl871
    Jno. f1844
    Martha A. f1863
    Mary A. fwl863
    Tho. fwl847, f1854
BUCK, Geo. f1878
    Jno. fwl889
BUCKLES, Henry f1866
BUHRMAN, Jno. f1844
BURBANK, Jno. M. f1875
    Malissa f1881
BURCKHART, Phebe fwl842
BURELL, Rich. wl782
BURGAN, Geo. fwl888
    Nicholas f1858
BURGER, Bened. f1825
    Cath. f1843
    Jno. f1821
    Mary nl 1797

BURGESS, Ann S. f1856
    Mary C. f1860
BURGESSER, Dan. f1865
BURKHART, Cath. fwl838, f1842
    f1845
    Christian f1838
    Chris. fwl798
    Geo. fwl807
    Helen A. f1853
    Jno. f1795, f1851
    Sam. f1812
BURNETT, Cath. f1851
BURNS, (J)Genett, f1847
    Jno. f1845
BURRELL, Rich. f1800
BURRIE, Wm. f1833
BURRILL, Mary Ann fwl878
BURTON, Ben. f1821
    Rich. f1795
BUSER, Jer. f1859
    Jno. f1864
BUSHONG, Phil. fwl785
BUTLER, Mary fwl852, f1870
    Sarah f1838
    Wm. f1813
BUTTER, H. Jane f1881
BUTTERBAUGH, Henry f1839
    Pet.(or Su.) f1864
BUTTS, Adison f1836
    Caroline f1870
    Marg. wl855
BUZZARD, Jno. f1868
BYER, Helen f1864
    Jno. fwl859
    Jno. J. f1881
    Mary E. fwl869
BYERLY, Jac. wl883
BYERS, Cath. f1841
    Eliz. f1857
    Fredk. f1869
    Fredk. D. f1855
    Geo. H. f1862
    Helen f1863
    Jac. f1829, fwl840, fwl869
    Jno. fwl839
    Jos. fwl856
    Luther B. f1862
    Martha f1875
    Mary f1889
    Obediah f1835
    Phil. f1869
    Ra. f1840
    Su. f1846
    Tho. f1836
BYRNE, Chas. f1842
    Pat. f1835, fwl853

CAKE, Henry f1817
CALE, Wm. fwl842
CALDWELL, Geo. H. f1850
    Jos. f1843
    Mary f1824
CALOMAN, Tho. wl882
CAMPBELL, Abell f1873
CANNON, Jno. B. f1868
CANTION, Sam. L. f1884
CAPP Mich. f1804
CAREY, Mich. f1877
    Rob. T. f1807, f1809 f1810
CARDLE, Mary f1832
CARL, Dan. fwl886
CARLES, Moses.f1828
CARLISLE, Dav. fwl791
    Wm. wl795
CARNACURN, Jac. f1825
CARNEY, Pat. fwl832
    Pet. fwl832
CAROTHERS, Ann fwl833
CARPENTER, Charlotte f1867
CARR, Edw. f1817
    Eliza fwl852
    Jno. fwl819, fwl842, f1848
CARROLL, Martin f1819
CARSON, Matilda f1878
    Sim. f1863
    Tho. f1840
CARTER, Jos. fwl811
    Josiah fwl816
    Tho. M. fwl869
CARVER See GARVER
CARVER, Agnes A. fwl886
    Amelia Su. fwl882
    Chris. f1798
    Dan. fwl872
CASEY, Jas. W. f1870
CASSIDY, Eliz. fwl879
    Adeline f1888
CASTLE, Elie f1870
    Otho B. f1873
    Sam. f1835
CATCHUM, Oliver f1816
CAUF See Gauff
CAUF, Ad. f1802
CAUFMAN, Dav. f1885
    Henry f1834
    Jac. f1834
CAUFFMAN, Jno. f1844
CEARFOSS, Dan. f1878
CELLARS, Geo. fwl828
CELLER, Jno. f1818
CEYESTER, Henry f1841
CHAMBERS, Ben. (2) f1823

Geo. f1802
Jas. fwl875
Joanna f1886
Jos. f1852
Marg. fwl870
CHANDLER, Mary f nd, fw 1862 f1868
    Wm. P. fwl868
CHANEY, Chas. fwl781, f1820
    Edw. E. f1882
    Elias fwl859, f1881
    Elijah fwl809
    Eliz. fwl831
    Ezekiel f1858, fwl782
    Jac. f1851
    Jac. Jr. f1856
    Jane f1875
    Jely f1855
    Jer. fwl813, f1828, f1832, f1839, f1846
    Jno. (2) f1828, f1873
    Jos. f1809
    Luke f1826, f1828
    Marg. f1851
    Mary f1825, f1844
    Rob. fwl830, f1831, f1856
    Rob. Jr. f1831
    Sarah N. f1881
    Wm. f1836
    Wm. B. f1828, f1855
CHAPLIN(E), Cath. wl864, f1865
    Isaac f1864
    Jane wl838
    Jer. f1809
    Jos. f1821, f1815, fwl822, f1823, fwl839
    Mary Ann C.A. (2) fwl823
    Ruheman fwl796
    Sarah wl836
    Wm. W. f1804
CHARLES, Joel f1882
    Jno. J. f1860
    Jos. f1854
CHARLTON, Hamilton D. f1887
    Jno. fwl781
    Jon. fwl850, f1879
    Tho. wl805, fwl887
CHASE, Esther fwl841
    Rich. f1847
CHENOWORTH, Geo. L. f1825
    Phil. f1838
CHESTER, Eliza f1859

CHASE, Esther fw1841
　　Rich. f1847
CHENOWORTH, Geo. L. f1825
　　Phil. f1838
CHESTER, Eliza f1859
CHOSE, Christian fw1781 (See Core)
CHRIST, Ad. f1852
CHRISTIAN, Henry f1811
　　Jac. f1831
CLABAUGH, Fredk. P. f1849
　　Thdr. F. f1849
CLAGETT, Jno. B. fw1840
CLAGGETT, Alfred f1853
　　Ann w1832
　　Dav. fw1859
　　Hzk. f1868, f1878
　　Jas. H. fw1869
　　Jno. fw1808
　　Jno. H. f1877
　　Matilda fw1864
　　Ra. f1828
　　Rob. fw1855
　　Sam. fw1866
　　Tho. f1846
　　Wm. f1810
　　Zachariah fw1825
CLAPPER, Harmon f1787
　　Henry f1806
　　Jno. f1803, fw1807
CLAPSADDLE, Dan. fw1807, f1833
CLARE, Su. fw1886
CLARK, Ellenor fw1844
　　Jno. fw1839
　　Mathew nl 1782
　　Sam. H. f1888
　　Sarah f1833
　　Wm. B. f1855
CLARKSON, Edw. f1885
CLARY, Nat. f1874
CLAXTON, Rog. fw1833
CLAYTON, Eliz. f1841
　　Jas. f1865
CLEMM, Ad. fw1791
CLEVIDENCE, Geo. fw1860, f1861
　　Jno. f1861
CLINE, Henry fw1831
　　Su. f1855
CLINGAN, Wm. fw1833
CLINK, Jno. f1884
　　Theresa fw1887
CLOPPER, Cath. w1838, f1854
　　Geo. A. f1885
　　Gideon f1854
　　Henry f1879
　　Jno. f1852, f1878

Jos. f1876
　　Sam. fw1884
CLORN, Nicholas f1804
COAKLEY, Jas. fw1877
COCHRAN, Jon. f1864
　　Rob. B. f1837
COIN, Tim. f1866
COKENOUR, Dan. fw1875
COLBERT, Geo. H. fw1872
　　Jer. f1873
COLE, Eliz. f1852
　　Fr. G. fw1857
　　Su. f1853
COLLEFLOWER, Geo. A. fw1801
COLLIPLOWER, Cath. f1852
　　Geo. f1832
　　Isaac f1849
　　Jno. f1852
　　Jno. T. f1853
　　Pet. fw1847, f1853
COLLINS, Gertrude f1882
COMBO, Tho. f1874
COMBS, Coleman fw1807
　　Lewis f1804
　　Mary fw1820
COMSTOCK, Erwin P. fw1842
CONEY, Mary fw1885
CONN, Fr. w1852
　　Jno. fw1783
　　Pet. (2) fw1820
　　Tho. w1852
CONLAN, Pet. f1823
CONNELLY, Pat. f1837
CONRAD, Christian fw1876
　　Dan. f1801
　　Jno. f1814
　　Wm. fw1790
COOK, Alex. A. fw1888
　　Cath. f1849
　　Dan. f1826
　　Dav. f1824
　　Eliza f1872
　　Ellenora A. f1874
　　Erwin O. f1886
　　Geo. f1831
　　Henry f1814
　　Jno. fw1831, f1835,
　　　　fw1859, fw1872,
　　　　fw1874, f1878
　　Nancy f1868
　　Wm. S. f1883
COOKERLY, Jac. f1837
COON, Jno. f1826
COOPER, Eliza Jane f1861
　　Jas. f1876
　　Jno. f1857

Terry f1866
　　Rebecca fw1841
　　Wm. fw1860
CORBY, Eliza M.L. f1864
　　Jno. (2) fw1861
　　Wm. f1853
CORDELL, Lydia fw1877
CORDERMAN, Martin L. f1886
　　Mich. fw1887
CORDY, Eliz. fw1823
CORE See Chose
CORE, Jno. fw1791
CORMEGYS, Cornelius w1815
COSLEY, Rose Ann fw1882
　　Tho. J. fw1882
COSS, Barb. fw1835
　　Geo. f1836
　　Jno. fw1835
　　Sam. f1887
COST, Eve fw1850
　　Jac. fw1880
　　Sam. fw1868
　　Wm. fw1874
COSTENBADER, Jno. B. fw1886
COUDY, Jas. fw1884
COW, Nicholas fw1783
COWTON, Jno. fw1876
COX, Eliz. f1870
　　Ezekiel fw1777
　　Pet. fw1862
　　Wm. O. f1853
COYLE, Edw. Jr. f1861
　　Mark f1841
CRABTREE, Jas. w1784
CRAIG, Isaac f1821, f1833
　　Jennie f1886
　　Jesse fw1877
　　Jno. f1792
CRALEY, Sam. fw1866
CRAMER, Arnest fw1791, f1798
　　Dav. fw1885
　　F.C. f1876
　　Godford f1797
　　Jac. f1822, f1825
　　Jac. Jr. f1827
　　Jac. Sr. f1827
　　Jonas fw1835
　　Julia f1874
　　Lewis fw1861
CRAMPTON, Amanda Su. fw1882
　　Ann Mary M. fw1825
　　Elias f1825
　　Elie f1863
　　Eliz. fw1870
　　Jno. f1826
　　Jno. E. f1881

Mary fwl838
Tho. fwl819
Tho. H. fwl889
CRANWELL, Chas. A. fwl864, f1872
CRAWFORD, Jas. wl851
   Sam. f1864
CREAGER, Barb. f1821, f1856
   Dan. fwl856
   Geo. f1840
   Phil. fwl814
   Sam. fwl879
   Wm. f1885
CREEK, Jno. f1875
   Marg. f1857
   Pet. f1838
CRESAP, Tho. nl 1788
CREYBAUGH, Eliz. f1782
CRIDER, Su. fwl880
CRIEBAUM, Ad. f1781
   Evi Mary f1788
CRIMLEY, Ad. nl 1788
CRINLEY, Henry fwl787
CRISSINGER, Cath. wl839
   Geo. fwl878
CRIST, Dan. f1868
   Joshua P. fwl887
CRISTIE, Neill f1834, f1844
CROELL, Sam. f1836
CROMWELL, Cath. f1805
   Jac. F. f1863
   Jos. f1824
   Rich. f1803, f1822
   Ra. f1810
   Wm. fwl809
CROMER, Geo. fwl878
CRONISE, Geo. fwl859
   Jno. f1837
CRONYN, Eliz.f1865
CROOKS, Jos. D. f1858
CROSS, Gassaway f1837
   Rob. L. fwl888
CROUSE, Ann M. f1882
   Ben. fwl878
CROW, Eve f1870
   Jas. f1877
   Phil. f1847
CROWN, Fredk. fwl842
CROWL, Jac. f1868
CROWLY, Jno. f1854
CRUMBAUGH, Jno. fwl804
CRUNCKLETON, Sam. fwl864
CULBERTON, Sam. f1884
CULLER, Jac. fwl851
CUNNINGHAM, Dav. f1853
   Henry f1802
   Jno. f1857
   Jos. wl875

CUPP, Hause Mich. nl 1798
CURFMAN, Wm. f1885
CURRAN, Jno. f1887
CURRY, Wm. f1785
CURTIS, Mary fwl808
   Tho. f1874
   Wm. f1818
CUSHIN, Ben. fwl848
   Rob. f1874
CUSHWA, Cath. fwl850
   f nd
   Dav. S. fwl886
   Dav. Sr. f1849
   Geo. f1857
   Jno. fwl805, f1845
   Jno. S. f1854
   Jno. T. fwl886
CYESTER, Dan. W. f1874
   Eliz. f1880
   Jno. f1854

DADES, Rich. fwl887
DAGAN, Jac. f1806 (N)
DAGENHART, Christian fwl869,
   f1881
   f1885
   Conr. f1848
   Jno. fwl862
DAGON, Eliz. wl782
DANER, Jno. f1832
DANZER, Jos. fwl871
   Wm. f1870
DARBY, Chas. A. f1849
   Henry f1827, f1834,
      wl839
   Jno. f1830
DARLING, Jno. wl788, nl 1792
DAUGHERTY, Jas. f1867
DAVIS, Abigail f1857
   Amos f1808
   Chas. f1816
   Cyrus F. f1874
   Elenor fwl815
   Elias fwl870
   Eliz. f1843
   Eliza fwl884
   Ephraim f1847
   Evaline f1880
   Fr. fwl821, f1857
   Frisby fwl879
   Geo. f1851
   Isaac f1852, f1853
   Jas. f1850
   Jas. A. f1858
   Jenkins H. f1831
   Jno. fwl799, f1858,
      fwl873, f1880

Jno. W. f1851
Jonas fwl883
Jos. (of Luke) f1793
Joshua f1778
Josiah f1850
Mary fwl815
Ra. f1801
Rezin fwl809
Rich. fwl788, fwl796,
   f1857
Rich. W. f1843
Sarah E. fwl879
Sol. f1868
Stephen f1815
Wm. nl 1792, fwl812,
   f1815, fwl839,
   f1855, f1887
Wm. D. f1874
Wm. Edw. f1856
Wm. E. f1858, f1861
Zachariah f1873
DAY, Tho. f1782
DAYHOFF, Henry f1875
   Jno. S. fwl876
   Joshua Sr. fwl878
   Maria fwl876
   Sam. fwl877
   Sam. S. fwl866
DAYWALT, Sam. fwl888
DEALL, Morentz fwl795
DEAN, Priscilla wl797
   Rich. wl788
DEANER, Christian f1869
   Emory f1863
   Sam. fwl865
   Yost fwl821
DEARDORFF, Dan. fwl857
DEARING, Elias f1869
DEBUTTS, Jno. f1803
DECK, Eliz. f1864
DECKER, Mary fwl855
DECKERT, Pet. S. f1824
DEDIE, Ab. wl796
   Sol. fwl814, f1855
DEEDS, Ad. f1805
DEER, Jno. fwl785
DEHOFF, J.B. f1872
DEIBERT, Eliz. f1869
DEIHL, Christian fwl834
   Henry fwl854
DEITRICH, Eliz. f1877
   Sam. f1847
DELAPLANE, Jas. B. f1878
DELKE, August fwl887
DELL, Jno. f1794
DELLAHUNT, Wm. f1809
DELLINGER, Chas. f1873

Christiana A. wl863
Fredk. fwl871
Henry fwl831
Jac. f1859
Jno. F. f1856
Su. f1877
Wm. f1879
DELOSIER, Su. fwl873
DENNHOEFER, Sim. fwl873
DETERLY, Pet. fwl802
DETRICK, Fr. f1878
  Geo. fwl836
  Jno. fwl836
  Leopoldine f1860
  Nancy fwl860
DEVINE, Pat. f1816
DIAMOND, Barnett f1815
  Jno. f1888
DIBERT, Christian f1856
  Chris. f1829
  Jac. f1860
  Nancy fwl858
DICK, Cath. f1853
  Christian f1847
  Eve fwl832
  Henry f1829, f1869
  Henry Sr. fwl808
  Jac. f1829
  Jno. f1855
  Marg. f1822
  Pet. fwl798
DICKERHOFF, Isaac f1863
DICKERSON, Jon. f1842
DICKEY, Wm. fwl831
DIE, Jas. f1829
DIFFENDERFER, Geo. f1805
DIGGS, Ra. f1870
DIGMAN, Mollie E. fwl888
DILLEHUNT, Cath. f1821
  Jas. f1804
  Jno. fwl863
  Mordecai f1816
  Sam. f1846
  Wm. f1823
DILLMAN, Henry f1879
DILLON, Ignatius f1831
  Mich. fwl888
DIPP, Henry fwl830
DITCH, Mary fwl887
DITTO, Ab. fwl794, f1828
  Jas. B. fwl880
  Maria C. fwl888
  Wm. (2) fwl855
DIXON, Jas. fwl838
DOARNBERGER, Wm. fwl867
DODD, Sam. fwl855
DODGE, Fr. fwl852

DOIL, Henry f1781
DOMER, Dan. fwl846
  Jac. fwl866
DONALDSON, Ab. f1881
DONELSON, Ra. fwl812
  Tho. f1846
DONNELLY, Eliz. f1784
  Jas. f1879
  Marg. fwl852
  Pat. fwl837
DONOVAN, Jno. (3) fwl825
  Jno. J. fwl831
  Rob. f1826
DOOBLE, Cath. f1847
DORSEY, Dennis f1837, f1867
  Fr. f1833
  Fredk. fwl858, f1863
  Louisa A. fwl882
  Sally fwl860
  Sophia wl842
DOUB, Cath. f1856, f1864
  Jno. f1854, fwl880
  Jno. G. f1867
  Jon. f1863
  Sam. f1837, f1872
DOUBLE, Su. fwl867
DOUCHERTY, Alex. fwl842
DOUGLAS, Helen B. f1882
  Martha nl 1791
  Nath. f1817
  Rob. fwl833, f1867,
    f1873
  Wm. f1786
  Wm. N.C. nl 1792
DOVENBERGER, Jno. f1865, f1867
DOWLER, Edw. fwl784
  Isabella fwl817
  Jas. C. fwl870
  Rich. fwl809
DOWNES, Eliz. f1853
DOWNEY, Isabella wl787
  Jas. fwl784
  Jas. Madison f1884
  Jos. f1801
  Lewis f1848
  Rob. wl755
  Sam. f1787, fwl828
  Sam. J. f1846
  Wm. fwl790
  Wm. f1813
DOWNIN, Dav. f1839
  Jno. f1827, f1876
DOWNS, Chas. G. f1857, f1868
  Henry fwl820
  Lewis O. f1825
  Sarah f1870
  Wm. (2) fwl825

DOYLE, Ad. f1809
  Fredk. C. fwl883
  Henry f1817
  Marg. f1865
  Wm. E. f1865
DRAPER, Eliz. f1863
  Jas. P. f1854
  Jno. fwl883
  Mary fwl859
  Sallie f1886
DRINNEN, Cath. fwl879, f1880
DRUMMOND, Pat. f1834
DRURY, Wm. C. (2) fwl841,
    f1858
DUBEL, Jac. fwl855
DUBOIS, Edmond C. f1859
DUCKET, Eliza C. fwl861
  Eliz. Sophia fwl830
DUCKETT, Jno. f1858
  Jos. G. f1861
  Sophia f1825
DUELING, Jno. f1804
DUFFIELD, Wm. M. f1847
DUFFIN, Mich. fwl848
DUFFY, Jno. fwl832
  Mary f1835
DUGAN, Jno f1826
DULL, Jac. f1846
  Jno. f1846
DUNLAP, Martha B. fwl888
  Rob. W. fwl856
DUNDORE, Jno f1817
DUNMORE, Lavina wl887
DUNN, Eliz. wl855, f1877
  Jno. fwl833
  Mary fwl862
  Sophia wl888
DUNNEL, Mathais fwl863
DUNNING, Dav. f1864
DUNWIDDIE, Dav. f1806
DURBIN, Marg. J. fwl883
DURBORO, Isaac H. fwl873
DURNBAUGH, Barb. fwl885
  Jac. f1859, f1883
  Sarah fwl877
DURNEY, Rich. f1857
DUSANG, Henry f1881
DUSING, Jno. f1788, f1836
  Phil. fwl832
DUTTON, Jno. D. nl bet. 1842-
    1846
DUVALL, Mary f1835
DYCHE, Valentine fwl810

EAGLE, Fannie f1829
  Henry fwl827
EADER, Cath. fwl880

EAGEN, Rob. fw1837
EAGLE, Jno. f1852
EAKLE, Amos f1823
    Christian w1802, fw1861
    Eliz. fw1872
    Geo. fw1883
    Harman fw1799
    Henry L. f1879
    Jac. fw1871
    Jno. B. fw1866
    Jno. D. fw1888
    Jno. Luther f1877
    Judith f1844, f1847, f1867
    Linny f1821
    Martin f1878
    Sarah fw1875
EARICK, Cath. fw1888
    Jac. fw1851
EARLEY, Jas. A. f1858, f1865
    Mary A. f1880
EASM, Wm. Sr. fw1805
EASTBURN, Sarah N. f1851
EASTER, Ad. fw1781
EASTERDAY, Geo. fw1863
    Mary M. f1874
    Mich. fw1837, f1874
    Sam. fw1863
EASTON, Hzk. f1882, f1884
    Marg. f1857
    Wm. fw1855, fw1885
EAVEY, And. f1860
    Christian f1854
    Eliz. f1865
    Sam. fw1887
    Sam. (of C.) f1867
    Su. f1859
    Susannah f1852
EBER, Jno. fw1854
EHBERT, Henry w1879
    Jno. fw1850, f bet. 1871-1873
    Mary f1889
EBY, Ben. f1868
    Cath. fw1869
ECKER, Annetta f1866
    Annie M. f1866
    Elhanan fw1862
    Isidora f1864
    Jno. fw1875
ECKMAN, Elie f1879
ECKSTINE, Jno. fw1889
EDELEN, Chas. fw1889
    Jno. S. f1882
EDMONDS, Esorn f1878
    J.W. f1865
    Nat. f1872

EDMONSTON, Archibald fw1787
EDMUNDS, Joel f1834
EDWARDS, Hannah P.E. fw1887
    Jno. fw1805
    Jno. T. w1873
    Mary f1810
    Tho. fw1833
    Wm. S. f1844
EGLETON, Esther w1820
EICHELBARNER, Jno. f1866
EICHELBERGER, Dan. f1854
    Jno. f1822, f1862
    Jos. f1855
    Mary f1840
    Pet. f1875
    Sam. fw1863, f1884
    Sarah w1871
    Theobold f1846
EICHENBERGER, Pet. f1857
EINSTEIN, Henry fw1879
ELGIN, Wm. S. f1855
ELLAR, Henry f1788
ELLIOTT, Rob. f1795
ELY, Mahlon f1851
EMMERSON, Tho. f1850
EMBLEY, Jas. M. f1881
EMBREY, Chas. f1878
    Thdr. f1887
EMMERT, And. M. fw1866
    Ann Maria f1855
    Augustus f1847
    Barb. f1861
    Ben. fw1851, fw1866
    Cath. f1847
    Dan. f1844, fw1879
    Eliz. fw1850, fw1866
    Henry f1855
    Jno. fw1820
    Jno. (of L.) f1858
    Jon. f1878
    Jos. f1853
    Leon. fw1804, f1815, fw1876
    Mich. fw1853
    Nancy fw1850, fw1869
    Sam. f1886
    Sarah f1852
    Tho. f1841
    Washington f1847
EMRICK, Geo. f1823
    Jonas fw1798
ENGLAND, Jas. D. f1823
ENGLEBRIGHT, Eliz. f1840
ENGLISH, Wm. T. fw1886
ENOS, Wm. H. fw1855
ENSMINGER, Christian f1816
    Edmond O. (2) f1855

Geo. fw1835
Ludwig fw1845
Martin (2) fw1860
Phil. f1820
ENSWINGER, Wm. T. f1873
ENTLER, Martin L. f1867
EPRICHT, Jac. fw1793
ERHART, Fredk. f1823
ERLENBOUGH, Henry fw1810
    Mary fw1810
ERNST, Henry fw1865
    Jno. f1864
    Jno. G. f1869
    Kate f1873
ERRICK, Susannah f1835
ESHLEMAN, Christian fw1853, f1879
    Lydia fw1878
    Mary fw1885
    Pet. fw1876
ETHYRE, Ruann fw1860, f1870
    Sam. f1855
EVANS, Dan. fw1833
    Seth w1804
EVERETT, Jno. f1853
EVERSOLE, Christian fw1805
    Dav. f1888
    Emmanuel fw1829
EVEY, Jno. w1789
EYERLEY, Eliz. f1863
    Henry f1859
EYESTER, Dan. fw1852
EYLER, And. J. f1885
    Mich. w1859

FAGE, Barb. f1799
FAHRNEY, Ann f1838
    Barb. E.V. fw1885
    Dan. fw1867
    Eliz. f1887
    Jer. f1884
    Nicholas fw1887
    Pet. fw1837, fw1885
    Sam. f1863
    Wm. f1869
FAITH, Ad. f1882
    Jno. F. w1885
FALDERS, Jno. f1855
FALL, Wm. L. f1878
FALLS, Rose Ann f1870
FARBER, Phil. w1796
FARMER, And. f1829
    Jer. f1782
FARREN, Jno. fw1815
FARSHT, Sam. f1864
FASNAUGHT, Abram f1888
    Cath. fw1843

Cornelius f1848
Henry f1807, f1857
Jac. fwl847, f1848
Jno. fwl807
Magdaline (2) f1836
Urias f1863
FAULDER, Lewis f1877
Sam. fwl874
Tho. f1835
FAULKWELL, Geo. fwl838
Isaac T. fwl865
FECHTIG, Christian fwl834
Christian C. f1835
Fredk. f1821, f1882
Geo. fwl868, f1887
Mary E. fwl883
Sophronia A. (2) fwl887
Su. f1840
FAEGLER, Henry wl854
FEIDT, Geo. f1880
Jno. fwl840, fwl872
FEIGLEY, Ann f1868
Dan. f1869
Jno. fwl862
Pet. fwl845, f1862, f1868
Sam. fwl883
FEIRY, Jos. fwl833
FELKER, Henry f1828
Jno. fwl846
FERGUSON, Jas. fwl832
FERNE, Jno. f1833
FERRALL, Pat. fwl789
FESLER, Cath. f1857
FESSLER, Barb. f1835
Dav. f1814, fwl887
Eliz. fwl833, f bet. 1833-1836
Mary fwl821
Mary A. f1888
FIGELY, Wm. f1824
FILE, Jos. f1845
FINDLAY, Sophia V.L. fwl881
FINEFROCK, Dan. f1834
FINEGAN, Agnes N. fwl860
FINK, Jac. f1823
FINLAY, Sam. f1805
FINLEY, M.A. fwl848
FINNEGAN, Jas. fwl854
FIREY, Ann M. fwl882
Dan. f1838, f1853
Eliz. f1853
Eliz. S.A. f1887
Henry fwl814, fwl862
Jac. fwl831, f1888
Jno. f1824, f1869
Jno. B. f1881

Jos. f1803, f1866
Mary fwl810
Sabina fwl843
Sam. f1840
Sol. fwl876
Su. f1872
Wm. H. f1863
FISHACK, Cath. f1853
Fredk. fwl850, f1870
Henry f1830
FISHER, Asel f1793
Cath. fwl875
Henry S. fwl875
Jac. f1790
Lewis S. f1868
Paul f1864
FITCH, Frisby T. f1879
FITZ, Sam. fwl877
Ullery fwl870
FITZGERALD, Nicholas f1822
FITZHUGH, Ann H. fwl870
Maria A. fwl864, f1874
Wm. fwl798, f1829, f1853
FITZPATRICK, Phil. P. f1845
FLAGLER, And. f1795
FLEMMING, Jas. f1853
Jno. f1864, fwl880
Rob. f1822
Tho. fwl864
FLENNER, Jno. wl785
FLETCHER, C.A. f1845
Mary L. f1864
Wm. J. f1886
FLICK, Wm. fwl790
FLINT, Jno. fwl804
Jos. fwl789
FLOHRY, Jno. wl797
FLOOK, Dan. f1863
FLORA, Berlin f1888
Caroline f1872
Dav. f1849
FLORY, Dan. f1876
Dav. f1876
Eliz. fwl886
Jac. fwl850
Jno. (2) fwl810, f1823
Jos. fwl877
FLUCK, Conrad f1826
FLYNN, Tho. fwl889
FOCKLER, Ben. f1886
Jac. f1868
FOGLE, Geo. f1814
FOGLER, And. f1778
Eliz. fwl872
Geo. fwl867
Jno. F. fwl793

FOGLESONG, Christian fwl791
Fredk. f1797
FOGWELL, Wm. f1819
FOLTZ, Geo. f1828
Henry f1862
Jac. fwl885
Jno. f1816, f1829
FORD, Abigail f1810
Anna f1810
Dan. f1822, f1823
Eliz. f1866
Franklin f1880
Geo. W. f1867
Henry f1784
Jas. fwl801, f1806
Mary f1823
Price fwl875
Rose E. fwl889
Tho. f1809, wl877
Wm. f1838
FOREMAN, Jas. fwl835
Jno. f1815
FORREST, Seth f1835
FORSYTHE, Dav. fwl888
Jac. f1863
Jno. fwl811, fwl851, f1877
Sarah fwl881
FORTNEY, Mich. F. f1813
FOSNAUGHT, Ab. f1843
FOSTER, Eliz. fwl872
Geo. f1864
Jer. fwl805
Jno. f1858
Sam. f1798, f1805
Wm. fwl749
FOUCH, Dav. f1889
FOUKE, Eliz. J. fwl886, f1887
Eva M. f1880
Geo. J. fwl877
Henry fwl867, f1878
Henry C. fwl879
Lewis K. fwl872
FOUTZ, Eliz. fwl836, f1855
Fredk. fwl806
Geo. (2) f1847
Henry f1862
Jac. f1832
Jno. nl 1808
Susannah f1827
FOWLER, Betsy fwl881
Mary f1842
FOX, Jno. wl784
FOY, Juliet f1861
FRANCES, Maria fwl885
FRANCIS, Chas. f1884
FRANKS, Sol. f1846

11

FRANTZ, Cath. f1879
   Emmanuel f1813
   Julian f1867
   Mary A.P. f1877
   Kath. f1824, f1825
FRAZIER, Lloyd f1834
FREANER, Geo. fw1878
   Henry fw1863
   Jno. fw1835
   Wm. fw1870
FREDERICK, Cath. f1867
FREETZ, Cath. w1809
FRENCH, Dan. f1865
   Geo. f1835, fw1878
   Jno. fw1787
FRESHOUR, Fredk. A.B. f1882
   Henry A. fw1881
FREY, Jac. f1870
FRICK, Charlotte fw1832
   Jno. fw1878
FRIDINGER, Geo. f1882
FRIEND, And. fw1863
   Chas. fw1751
   Elenor fw1822, f1859
   Gabriel fw1760, fw1806
   Henry fw1873
   Jac. fw1802, f1814
   Rob. T. f1821
FRIESE, Mich. fw1885
   Pet. f1872
FRONG, Geo. f1785
FRONK, Jno. f1839
FROY, Mich. f1808
FRY, Christian fw1790
   Jno. fw1792, fw1794, f1838
FUGATE, Mary fw1807
   Pet. f1800
FULLERTON, Mathew L. fw1833
FULTON, Eliz. fw1881
   Jas. fw1876
FUNCK, Dav. fw1799
   Henry f1799
   Henry (of John) f1802
   Jno. fw1804
FUNK, Amy Jane fw1866
   Ann f1824, f1824
   Anna fw1869
   Caroline f1864
   Christiana fw1841
   Clara E. f1869
   Dav. fw1840
   Geo. fw1881
   Henry fw1787, fw1817, w1844
   Henry (Marsh) f1848
   Jac. f1850, f1856

Jac. (of John) f1875
Jac. L. f1863
Jer. C. f1878
Jno. f1832, f1845, fw1851, fw1855, fw1878
Jos. f1797
Martin f1819, f1880
Mary fw1861
Mary A. f1887
Mich. f1834
Naomi f1856
Sam. fw1840, f1853
Susannah fw1820, w1830
Wm. A. f1859
FURLONG, Ann E. f1889
FURRY, Cath. f1823, fw1885
   Dav. fw1809
   Fredk. f1833
   Jno. f1821, fw1878
   Wm. fw1883

GABBY, Jno. fw1806, fw1810
   Jos. f1857, fw1897
   Wm. fw1841
GABE, Chas. A. f1875
GABLE, Ab. fw1784
GABRIEL, Cath. fw1888
   Jno. fw1825
GAGLE, Nat. f1864
GAINES, Helen J. w1873
GAITHER, Edw. f1856
   Eliz. f1841, f1845
   Eliz. J. f1856
   Eliz. Jr. f1843
   Henrietta fw1855
   Henry f1812
   Henry H. w1856
   Juliann fw1873
   Matilda fw1852
   Rebecca f1845
   Sarah fw1872
   Su. S. f1846
GALE, Ben. f1873
   Wm. f1809
GALLOWAY, Ben. fw1831
   H.M. fw1847
   Judy fw1859
   Mary E. fw1881
   Ragis f1876
   Somerset f1798
GANS, Jac. f1889
GANT, Levi f1887
GANTZ, Anna fw1866
   Jac. fw1886
   Nicholas f1824, f1866
GARAGHTY, Cath. f1857

Jas. fw1854
   Sarah f1860
GARDENER, Mary f1865
GARDENHOUR, Jac. f1794, fw1846
GARDNER, Ann f1837
   Mary M. fw1877
   Mich. f1876
   Scott H. f1889
   Yost w1816
GAREY, Geo. f1860
GARLING, Dan. f1850
   Pet. fw1876
   Sam. fw1884
GARLINGER, Anna M. f1881
   Jac. fw1824
   Ra. fw1862
GARLOCK, Jno. f1804
GARROTT, Edw. f1861
   Hannah fw1886
   Jos. E. f1844
GARVER, Barb. fw1882
   Ben. fw1875
   Cyrus f1883
   Isaac f1826
   Jos. nl bet. 1846-1849, f1870, f1889
   Su. f1848
   Wm. f1861
GARY, Eliz. fw1829
   Geo. fw1813, f1849
GASSMAN, Geo. fw1873
GASSOWAY, Rob. w1886
GATES, Chas. w1861
GATRELL, Jno. H. fw1889
GAUFF, Ad. f1802
GAYMAN, Barb. A. f1885
   Christian fw1864, f1885
   Dav. f1885
   Josh. B. f1883
GAYNOR, Tho. f1837
GEARHART, Christian f1814
   Elias fw1805
   H.A. f1848
   Jac. fw1850
   Mary fw1840, (2) f1851
   Sophia f1814
GEERHART, Sam. f1845
GEETING, Eliz. (2) fw1835
   Geo. A. Jr. f1842
   Geo. A. Sr. fw1812
GEHRHART, Dan. f1842, f1845
GEHR, And. f1848
   Cath. f1832, f1879

Cecelia A. f1883
Dan. fwl824, f1841
Eliz. f1876, f1877
Geo. fwl831
Henry C. fwl877
Isaac f1875
Jno. wl886
Jos. f1889
Marg. f1857
Mary fwl856
Wm. M. f1889
GEIGER, Fr. fwl818
Jno. f1805
Susannah fwl808
GEISER, Eliz. fwl834, f1850
Fredk. fwl790, f1829
Jno. f1849
Mich. f1826
Pet. fwl811
GEIZER, Jno. f1836
GELTMACHER, Jno. fwl859
Tho. J. fwl881
GELWICKS, Chas. fwl817
Dan. f1826
Dav. C. fwl845
Eliz. fwl841
Geo. C. fwl855
Jno. f1836
Jon. S. f1864
Marget f1860
Mary fwl837
GEORGE, Jno. fwl838
Jno. H. fwl865
GERHART, Dav. f1869
Ellenora f1869
GERMAN, Ad. fwl867
GIBSON, Jno. A. fwl853, f1862
GIFT, Eugene M. f1888
GIGOUS, Jno. f1873, f1879
GILBERT, Christian fwl812
Dav. f1864
Eliz. fwl802
Jno. L. fwl868
Sam. f1838
Wendel f1819
GILLAN, Ann. C. fwl887
GILLAS, Otho f1852
GILLEECE, Tho. fwl879
GILLILAND, Mary wl782
GILLMYER, Eliz. fwl877
GISE, Jos. A. f1874
GITTINGER, Geo. fwl844
Jno. f1816
GITTINGS, Geo. W. f1839
Geo. W. Jr. f1842
GLASS, Valentine fwl857
GLAZE, Wendel fwl838

GLECKNER, Devalt f1817
GLETNER, Jos. f1860
GLOSS, Jac. f1853
Jno. f1884
Pet. f1859
GLOSSBRENNER, Ad. f1829
Gutleib f1805
Pet. f1820, f1826
GLOWSER, Dan. f1824
GOCUS, Tho. f1849
GOLD, Jno. wl882
GOLDEN, Wm. fwl865
GOLDING, And. f1823
Palmer f1783
GOLL, Baltzer f1799
GONES, Madison f1878
GONTZ, Nicholas fwl813
GOOD, Ben. f1862
Christian f1820
Eliz. wl863
Henrietta f1855
Jac. f1854
Mary f1880
Sarah f1855
Wm. f1811
GOODRICH, Cath. f1859
Tho. f1851
GORDON, Susannah wl824
Wm. f1799
GOSSARD, Geo. f1858
GOUFF, Dan. fwl871, f1879
Henry f1826
Josiah f1859
GOWER, Jas. Z. f1886
GRABILL, Mich. f1875
GRAFF, Jac. fwl819
GRAN, Eliz. wl789
GRANT, Jones f1880
GRAVES, Geo. f1851
GRAY, Ab. fwl849
Cath. fwl797, fwl879
Isaac f1878
Jno. fwl789, f1821,
fwl853, f1883
Jno. F. f1864
Jos. f1794
Mary f1875
Mary Ann fwl858
Pet. f1804, (2) f1881
Su. f1882, wl889
GREEN, Barb. Ann f1873
Julian wl867
Mathias fwl861
GREENAWALT, Matilda J. f1881
Phil. fwl850
GREENWELL, Jas. f1838
GREGORY, Arthur L. f1867

Jas. f1804
Jos. f1858
Malcom f1873
Richmond f1865
Sam. I. f1835
GREY, Cath. f1816
Eliz. fwl843
Sam. f1809
GRIDER, Martin f1804
GRIFFITH, Cath. E. f1836
Eliz. f1820
GRIM, Ab. f1822, f1823
Alex. f1852, f1853
And. fwl801
Barb. f1823
Dan. wl858
Dav. f1831
Eliz. fwl855
Jac. fwl864
Jno. f1833
Reuben f1856
GRIMES, Eliza B. f1889
Jno. f1836
Milcab f1887
Rebecca f1858
GRIMM, Geo. W. f1882
Jno. I. f1885
GRISE, Pet. fwl827
GROFF, Jos. fwl868
GROSH, Cath. fwl865
Fredk. fwl862
Gotleib, fwl868
Jno. f1880, f1889,
f1850
Lewis A. f1887
Wm. fwl883
GROSS, Cath. fwl867
Chas. f1885
Mich. fwl859
GROSSNICKLE, Jac. f1882
GROUND, Jno. f1811
Jos. f1889
Malinda f1814
Phil. f1809
GROVE, Abram fwl885
Ab. f1858, f1888
Cath. f1835
Dan. fwl857
Dan. D. f1871
Dav. fwl867
Eliz. Fr. f1860
Fr. f1859
Geo. W. fwl881
Jac. C. f1880
Jarrett A. f1851
Jermiah P. f1865,
f1880

13

Jno. f1843
Jos. wl790, f1850
Levinia fwl855
Lydia f1858
Mary Ann wl878
Moses f1787
Phil. fwl841
Sam. f1848
Stephen P. fwl886
Su. f1886
Valentine wl760
Wm. f1853, f1865
GRUBER, Cath. f1878
  Jac. f1875
  Jno. fwl858, f1878
  Louisa M. f1878
  Sam. f1840
GRUBLE, Jno. nl 1785
GUMBERT, Jno. fwl862
GUMPERT, Dav. f1863
GUNDERMAN, C.L.D. fwl819
GUTH, Jac. wl797
GWINN, Mary fwl886
GYER, Henry f1866
  Rebecca fwl872

HADEN, Geo. f1839
HADLEY, Sarah wl805
HAFLEY, Chris. f1784
HAFLEYBOWER, Balser fwl783
HAGENBERGER, Jno. f1847
HAGER, And. H. fwl877
  Cath. f1873
  Christian Jr. (2) f1833
  Eliz. R. f1833
  Jno. fwl810, fwl884
  Jon. fwl823, fwl864, f1872
  Jon. Jr. fwl799
  Mich. fwl781
  Rich. C. f1884
HAGERMAN, Anna f1880
  Chris. f1786
  Fredk. (2) f1877
  Tho. fwl865
  Wm. A. fwl887
HAGNER, Martin (2) f1851
HAHN, Ad. (2) fwl793
  Dav. fwl844, f1846, f1849
  Geo. f1826, f1852
  Henry f1814
  Jno. f1853
HAINES, Fanny f1876
  Jac. f1820
  Jer. B. f1873
  Jos. f1865

HALBACK, Jno. T. f1885
  Mary J. f1885
  Mary Jane f1882
HALE, Sarah J. f1880
HALL, Ann P. f1854
  Mary f1824
  Sampson fwl857
  Tho. B. fwl833, f1854
  Tho. H. f1812, fwl789
HALLER, Jno. fwl814
HALLIDAY, Nancy R. f1855
HALIMAN, B.F. f1855
  Cath. S. f1859
HAM, Pet. fwl819
HAMBURG, Marg. f1888
HAMBY, Jas. M. f1886
HAMILTON, Henry f1831
  Jno. f1835
  Marg. f1872
  Nancy fwl871
  Nancy D. fwl879
  Tho. f1867
  Wm. T. fwl888
HAMMACKER, Ad. f1831
  Sam. f1823
  Stewart f1836
HAMMAKER, Eliz. fwl874
  Pet. fwl840
  Sol. f1856
HAMMEL, Jno. fwl809
HAMMER, Cath. fwl853
  Geo. fwl829
  Jac. f1855
  Jno. G. wl839
  Priscilla f1881
  Su. f1856
HAMMET, Alex. B. f1824
  Dav. f1808
  Jno. B. f1820
  McKelvie A. fwl849, f1868, f1885
  Mary f1855
  Sarah fwl805
  Wilford f1834
HAMMETT, Isaac f1863
HAMMON, Phil. f1794
HAMMOND, Albert f1884
  Cath. A. f1838
  Dav. fwl882
  Dav. C. fwl884
  Eliz. fwl884
  Ellenora fwl877
  Ezra f1840
  Jac. fwl834, fwl845
  Jno. f1879, fwl849,
  -   f1857, fwl886

Jos. H. f1830
Martin fwl841
Mary f1875
Mich. f1856
Nancy f1864
Paul f1819, f1860
Pet. fwl836, f1879
Phil. f1828, f1830
Wm. f1862, f1872
Wm. J.S. f1864
HAMPTON, Edw. f1814
  Mary Ann wl823
  Wm. f1827
HANAKAMPH, Arnold f1818
HANDY, Cath. f1866
  Charity wl874 (N)
  Esther wl851
  Geo. wl834
  Jas. f1843
  Wm. H. (2) fwl863
HANER, Dan. fwl860
  Geo. f1855
  Mary Ann wl884
HANES, Cath. fwl857
HANN, Henry fwl800
HANNA, Ann fwl847
  Isaac f1841
  Jackson fwl837
  Jas. f1846
  Jno. fwl838
HANSON, Geo. f1825
HARBAUGH, Ann M. f1851
  Cath. f1880
  Cath. A. f1851
  Eliz. f1852
  Jac. f1849
  Jer. fwl856
  Jno. fwl884, f1887
  Jon. fwl879
  Sabina f1852
  Sam. M. f1882
  Wm. H. fwl884
HARBINE, Dan. fwl842
  Eliz. fwl857
HARGIS, Tho. wl754
HARKINS, Wm. f1823
HARMAN, Lydia wl886
HARLAN, Esther f1831
HARN, Cath. f1834
  Levi D. f1854
  Mary S. f1886
  Su. f1873
HARNE, Airy Ann f1880
  Geo. W. f1875
  Horatio N. fwl881
  Overton C. f1873
HARNISH, Jno. fwl863

Sam. fwl879
HARP, Jac. f1857
HARPER, Eliza J. f1889
  Jac. F. fwl886
  Wm. f1883
HARR, Rud. fwl822
HARRIS, Ann B. f1844
  Marg. f1887
  Sam. B. fwl844
HARRISON, Ben. fwl842
  Campbell f1829
  Dotia fwl877
HARRY, Dav. fwl843
  Eliz. wl858
  Ezekiel f1821
  Geo. fwl817
  Geo. I. fwl847, f1860
  Jac. fwl806
  Martin fwl788
  Martin Jr. f1790
  Mary E. f1808
  Su. f1873
HARSH, Jac. f1803
HART, Eliz. fwl857
  Jac. f1820
  Jno. D. f1854
HARTER, Dav. f1873
  Jac. fwl825, f1870
HARTLE, Geo. fwl780, f1856, f1878
  Jac. fwl854, f1868
  Jno. fwl857
  Marg. M. f1887
  Nancy f1868
  Pet. f1879
  Sebastian fwl840
  Sol. fwl886
  Susannah f1843
HARTMAN, Ben. f1876
  Cath. fwl821
  Christian f1824
  Dan. f1882
  Jac. f1839
HARTZACK, Cath. wl836
HARVEY, Geo. f1854
  Hiram H. f1875, f1884
  Letitia P. fwl880
HARWOOD, Jno. f1797
  Mary Ann wl797
HARY, Mary Jane f1840
HASSETT, Tho. f1866
HATTER, Mary M. fwl834
HAUSE, Wm. f1839
HAVERMIL, Jno. f1823
HAWBACKER, Christian f1874
HAWBECKER, Mary A. f1874
HAWES, Jno. f1886

HAWKEN, Christian I. f1822
  Christian Sr. f1821
  Juliana fwl827
  Sam. E. f1882
  Sarah f1878
  Wilford E. f1859
  Wm. fwl885
HAWN, Geo. f1805
  Jac. f1820
  Jno. f1807
HAWTHORNE, Esther fwl888
  Thdr. f1882
  Wm. f1876
HAYES, Abner f1852
  Cath. nl nd, fwl855
  Jer. fwl812
  Jno. f1833
  Jno. J. fwl823
  Jos. C. fwl841
  Prescilia fwl815
HAYGIS, Martha M. f1876
HAYNES, Burket f1795
  Jno. C. f1872
  Ra. f1846
  Tho. fwl879
HAYS, Jno. f1883
  Jno. H.T. f1857
  Wilson L. fwl886
HEAFLICK, A. Maria f1846
HEAFNER, Fredk. K. f1793
HEBB, Eliza J. fwl889
  Jno. fwl875
  Mary T. f1856
  Rich. fwl835
  Wm. F. f1875, fwl880
  Wm. S. f1889
HECK, And. f1810
  Jno. fwl861
  Pet. f1799, f1855, f1868
HECKMAN, Matthias fwl809
HECKROTE, Henry f1804
HEDDRICK, Warner f1804
HEDRICK, Geo. f1831
  Jno. f1846
  Jno. Jr. f1849
  Jno. Sr. f1848
  Julian f1854
  Marg. fwl853
  Mary fwl854
HEFFLEY, Cath. f1823
  Jac. f1821
  Jno. f1816
  Mich. f1799, f1803, f1822
HEFFLICK, Pet. fwl827
HEINSMAN, Jos. fwl822

HEIST, Lewis f1877
  Marg. fwl887
HEISTER, Dan. fwl804
  Jno. f1822
  Matilda f1852, f1856
  Rosanna fwl810
  Wm. f1822
HELLANE, Anna M. fwl883
HELLER, Geo. fwl859
  Julian wl830
  Phil. N. f1888
  Sarah fwl875
HELM, Jos. fwl784
  Sarah f1815
  Tho. f1807
HELPHINSTONE, Lydia H. wl815
HELSER, Geo. wl801
  Mary f1804
  Sol. fwl879
HEMPHILL, Jas. f1822
HENEBERGER, Geo. W. fwl858
  Jno. fwl859
HENNEBERGER, Jno. J. fwl880
  Su. f1873
HENNEMYER, Gustavus F. f1823
HENRY, Jno. f1851
HENSON, Jno. fwl874 (N)
HERBERT, Chas. wl851
  F. Dorsey f1882
  Marg. A. f1883
  Rebecca fwl880
  Stewart f1796, wl853
HERMAN, Geo. D. fwl888
HERR, Cath. f1883
  Emanuel f1857
  Jno. f1855
  Rud. f1855, f1861
  Sam. H. fwl871
  Sarah fwl870
HERSH, Fredk. fwl831
HERSHBERGER, Jno. fwl863, f187?
  Mary f1872
  Sam. fwl820, f1823, f1822
  Sarah f1823, f1826
HERSHEY, And. fwl823
  Anna B. fwl861
  Barb. fwl845, fwl874
  Christian fwl830
  Dav. f1864
  Eliz. f1858
  Isaac fwl812, f1834
  Isaac S. f1881
  Jac. fwl871
  Jno. fwl811, fwl854, fwl872
  Jos. f1860

Lydia M. fwl881
Mary fl848
Sophia fwl877
HESS, Geo. fl834
    Henry fwl850
    Jac. fwl815, fwl850
    Jno. fl815, fwl825
    Jno. R. fl842
    Julian fwl876
    Sarah fl874
    Wm. fwl828, fwl866
HESTAND, Jac. fwl835
HETZER, Cath. fl882
    Jno. fl829, fl864
HEVLING, Nicholas fwl798
HEWETT, Eliz. fwl871
    Jac. fl840
    Jac. (of H.) fl842
HEYGIS, Geo. Henry fwl875
HEYSER, Ann fl840
    Geo. F. fl871
    Jac. fl842
    Jno. fl851
    Jno. H. fwl881
    Wm. fwl790, fl836, fwl875
    Wm. Jr. fl843
HIATT, Chris. fl835
HIBBARD, Ellenora fwl843
HIBERGER, Ab. fl834
HICKMAN, Ben. F. fl829
    Christian fwl876
    Julia fl844
    Sam. J.C. fl843
    Sarah wl759
HICKS, Geo. Sr. fwl877
    Humphrey fl869
HIGGINS, Jemima fl833
    Upton fl828
HIGHBERGER, Geo. fl872
    Jno. fl833
HILDEBRAND, Conrad fwl854
    Isaac fl879
HILL, Eliz. fwl847
    Jno. fwl879
    Jno. A. fl854
    Moses fl840
    Valentine (2) fwl815
HILLAN, Walter fl835, fl838
HILLIARD, Chris. fl823
HIMES, Dav. fl888
    Eliz. fl856
    Isabella fl870, fl880
    Jno. fl889
    Mary fl887, fl889
    Sam. fwl869
HINE, Geo. fl857

Jno. fl856
HINES, Jac. fwl840
    Urias fl852
    Wm. fwl780
HINKLE, Christian fwl836
    Marg. fwl845
HINTON, Charity fl849
HISE, Jac. fl878
HITCHCOCK, Sarah E. fwl880
HITECHEN, Dan. C. fl862
HIVNER, Cath. fwl839
    Geo. fwl820
    Jac. fwl827
    Mich. fwl813
HOCKEY, Dorothy fl818
HOCKMAN, Henry fwl813
HOFF, Ant. fl843, fl845
HOFFMAN, Barb. fwl831
    Ben. F. fl863, fwl886
    Cath. B. fwl877
    Christian fl882
    Eliz. fl865, fl859
    Eusyrus fl863
    Eva fl877
    Geo. fwl782
    Geo. W.H.C. fl885
    Jac. fl800, fl832, fl866
    Jac. S. fl872
    Jno. fl806, fwl859, fl880
    Jno. E. wl870
    Jos. fl855
    Joshua fl844
    Lewis fwl864
    Magdalene fwl884
    Matthias fwl838
    Mich. fl850
    Nicholas fwl849
    Pet. fl886
    Randolph fl874
    Sam. fl836
    Su. L. fwl886
    W.W. fwl881
HOGG, Jamima fl821
    Jno. fl847, fl858
    Tho. fwl790
    Wm. fl824
HOGMIRE, And. fwl860
    Conrad fwl798
    Dan. fwl807
    Jonas fwl848
    Magdalene (2) fwl808
HOLBRUNER, Jac. fl859
    Louisa fl864
    Mary fl873
HOLIDAY, Jas. F. fl855

HOLLAND, Nicholas fl883
HOLLIDAY, Jas. fl832
HOLLINGSWORTH, Jac. fl868
    Nancy G. fl873
    Tho. H. fwl842
HOLIMAN, Jos. fl848, fl864
    Mary Ann fl832
HOLMES, Archibald fwl882
    Bartlett fl829
    Hzk. fl866
    Jno. fwl862
HOLSTEIN, Eliz. fl878
HOLTZMAN, Emory L. fl881
HOMES, Conrad fl805
HOMES, Jac. fwl854
HONYERS, Geo. fl845
HOOK, Jas. fwl837
HOOPER, Jno. fl821
HOOVER, Ab. fl820
    Ad. fwl807, fwl814
    Ben. fl875
    Cath. A. fwl888
    Christian fwl820
    Dan. fwl860
    Dav. fwl883
    Elias fwl864
    Eliz. fl888
    Eliz. M.A. fl843
    Esther fwl854
    Ezra fl855
    Franey fl876
    Jac. nl 1785, fl875, fl877, fl880
    Jno. fwl804, fl819, fwl842, fl850, fwl876
    Jno. D. fl876
    Jos. fwl887
    Maria fwl888
    Martin fl863
    Nancy fl886
    Pet. fwl864
    Sam. fwl889
    Sarah fl844
    Ulrich fl834
    Wm. fl841
    Wm. J. fl869
HOPEWELL, Eliz. fl868
HORINE, Ad. fl812, fl831
    Anna fl883
    Cath. fl814
    Conrad fl858
    Eliz. fl861, fl883
    Geo. W. fl885, fwl885
    Henry fwl864
    Henry A. fl869
    Jno. fwl862

16

Nancy fwl880
Sam. fwl863
HORN, Geo. F. fl884
Mich. fl839
HORNBECKER, Henry fwl791
HORST, Anna fl889
Fannie fwl886
Jno. Sr. fwl875
Jos. fl804
HOSE, Geo. fl825
Henry C. fl881
Jac. fl807, fl819,
fl860
Pet. fwl828
Wm. wl860
HOSTLER, Wm. fl866 (N)
HOUCK, Ben. F. fl864
Jno. fl816
Jno. D. fl871
Sam. fl856
HOULTZMAN, Emma S. (2) fl879
HOUPT, Ezra fwl880
Jac. fwl888
Jane fl831
Jno. C. fl819
HOUSE, Christiana fl829
Geo. fl801
Geo. I. fl863
Jno. fwl752
Mich. fl827
Wm. fl869
HOUSEHOLDER, Ad. fwl798
Barb. nl 1787, fl863
Phil. fwl860
HOUSER, Ab. fwl813, fl843,
fl880
Ann Maria fl888
Ben. F. fl875
Christian fl835, fwl847,
fl888
Isaac fwl824
Jac. fwl802
Mary fl804
HOUSHALTER, Geo. fwl777
HOVERMALE, Ludwig fl815
HOVIS, Jac. fl883
HOWARD, Emma D. fwl882
Ignatius fl832
HOWELL, Eliz. fl833
HOWER, Ant. fwl827
Geo. fl822, fl826
Jac. fl826, fl831
HOWSER, Isaac fl832
Jos. fl834
HOYE, Ann wl825
Paul fwl816
Proscilia fwl815

HUDSON, Sarah fwl867
Tho. fwl859
HUFFER, Ab. fl885
Barb. fl850
Eliz. fl850, fl857,
fl862
Helen M. fwl885
Jac. fl836, fl849
Jac. B. fl881
Jac. C. fl879
Jno. fl835, fl842,
fl869
Mich. fwl824, fl833,
Mich. Sr. fl850
Sarah N. fwl889
Sol. fl850
HUFFORD, Jac. fwl805
HUGGAN, Hannah fl863
HUGHES, Ann fwl825
Courtney H. fwl862
Dan. fwl818
Dan. Jr. wl833
Fr. fl801
Geo. S. fl847
Holker (2) fwl871
Hugh R. fl857
Jas. (2) fl808
Rob. fwl829
Sam. fl825, fwl847,
fl851
Sarah wl877
Susannah wl828, fwl846
HUGINS, Hannah wl826
HULL, Ab. fl861
Ab. Jr. fl862
Dan. fl880
Geo. fl886
Isaac fl863
Jno. fl868
Pet. fl842
Sol. fl868
HUMERICHOUSE, Fredk. fwl876
Hannah fl880
Mary fl839
Pet. fwl837, fl857
HUMPHREYS, Jon. R. fl858
HUNT, Jno. wl833
Jon. fwl823
HUNTER, Cath. fl843
Eliz. fl874
Isaac B. fl879
Jno. fwl813, fl856,
fl888
Jos. fl819
Rebecca fwl877
Sam. fwl848
HURDLE, Rich. fwl845, fl848

HURLBUT, Henry F. fl859
HURLEBY, Dav. fl873
HURLEY, Jas. fl881
HURSH, Jno. fl853
HURST, Jos. fl783
Moses R. fl809
HURTT, Jno. wl800
HUTZEL, Jac. fl843, fl857
Jno. fwl855, fwl886
Matthais fwl834
Sam. fl865
HUYETT, Ben. I. fl885
Cath. fwl885
Dan. fl869
Dan. G. fl878
Eliz. fl878
Ellen M. fl886
Jac. S. fl877
Jno. C. fl845
Ludwig fwl828
Mary fwl851
Susanna fwl852
Wm. J. fl885
Wm. Jr. fwl879
HYKES, Jac. fwl889
HYLAND, Hugh fwl805
Jno. R. fl823
HYMAN, Geo. fl778
HYSINGER, Christian fl860,
fwl860
IDLE, Jno. M. fl806
IGENDER, Ludwig fl791
IMMEL, Eliz. fl833
INGLES, Mary wl830
INGRAM, Ben. fl862
Edw. fwl883
Jno. wl813, fl862
Jos. fwl834
Ra. fl843
Sarah E. fl847
IRVING, Tho. P. fwl818
IRWIN, And. fwl848
Cath. fl839
Fonrose H. fl879
Geo. fl839
Jno. fwl817
Jno. N. fl883
Jno. P. fl864
Jon. fwl824
Jos. fl868
Lydia fwl869
Maria fl872
Maria S. fwl887
Sam. fwl854
Sarah Ann fwl868
Sarah L. wl859

Sarah R. fwl872
Wm. fwl840
Wm. H. f1863
ISEMINGER, Amelia f1870
   Geo. fwl853
   Jno. f1845
   Mich. fwl863
ISRAEL, Jos. W. f1807
ITNYRE, Dan. fwl880
   Eliz. fwl867, f1872
   Geo. f1852
   Henry f1863
   Jno. fwl784, fwl786

JACK, Jas. f1864, wl754
JACKSON, And. f1866
   Hugh wl782
JACOBS, Dan. f1840
   Eliz. f1866
   Henry fwl865
   Moses f1888
   Nancy f1876
   Richards wl822
JACQUES, Ann fwl887
   Arthur fwl845
   Denton fwl818, fwl877
   Lancelot wl791, fwl827,
      fwl843, f1888
   Mary fwl885
   Sarah fwl837, f1846
   Tho. f1798
JAMES, Ab. f1831
   Bennett f1870
   Reason f1859
   Rhesa f1859
   Sarah fwl882
   Tho. f1785
   Walter fwl820, f1821,
      f1852
   Watkins fwl849, f1850
   Wm. f1859
JENKINS, Ellen f1854
   W.W. fwl863
JOBS, Eliz. f1852
   Philis f1844
JOBSON, Mich. f1801
JOHN, Henry fwl803
   Pet. fwl801
JOHNS, Jno. wl840
   Mary f1833
JOHNSON, Annie f1888
   Casandra fwl871
   Delia f1886
   Lewis f1888
   Mary A. fwl872
   Sam. fwl872, wl887
   Tobias fwl885

JOHNSTON, Arthur f1846
   Barnett fwl792
   Dav. f1855
   Denton fwl812
   Greenbury fwl827
   Jno. fwl821, f1825,
      f1845, f1852
   Pet. fwl813
   Rob. f1808
   Su. f1888
   Wm. f1829
JONES, Dav. Sr. fwl780, fwl784
   Easter f1876
   Eliz. wl870
   Enock fwl855, f1867,m
      f1879, f1888
   Hanson f1861
   Henry f1833, f1851
   Jac. fwl847
   Jno. f1804, f1806,
   Jon. (2) fwl821, fwl835,
      fwl867
   Magdalene wl880
   Sarah Ann fwl887
   Theresa f1886
JOST, Christian wl778
JUDY, Jno. f1781
   Sarah A.R. fwl849
   Sarah J.R. fwl849
JULIUS, Jac. fwl802
   Jno. f1820
JUNIFER, Sam. fwl783
JUSTICE, Lucretia f1866

KADERMAN, Mich f1781
KADLE, Mary f1857
KAGERICE, Jac. f1858
KAILOR, Fredk. f1819
KAIN, Isaac f1865
   Jac. fwl818
KAISER, Jno. nl 1853 (See
   Ben. Wyley folio
   66), f1888
KALY, Jno. f1786
KANABLE, Geo. f1818
KANSLER, Jac. f1845
   Jno. fwl837
KAPP, Cath. fwl833
KARN, Geo. P. f1829
KARNACUNN, Geo. f1818
KARSON, Rich. f1804
KAUFFMAN, Ad. wl789
   Jac. f1834, fwl859
KAYHOR, Mathais fwl879, f1888
KAYLOR, Jac. f1873
   Sarah f1884
KEADLE, Ab. L. f1886

KEAGERICE, Mich. f1841
KEAKY, Mich. fwl782
KEALER, Fredk. f1779
KEALHOFER, Cath. f1858
   Geo. fwl866
   Jac. f1815
   Louisa fwl881
   Mary f1863
KEANS, Ab. fwl841
KEARL, Chas. F. fwl886
KEEBLER, Jac. Jr. fwl780
KEEDY, Dan. fwl824, fwl876
   Dav. H. (2) f1867
   Henry Sr. fwl861
   Jac. H. fwl845
   Jno. f1839
   Jno. D. f1888
   Jno. J. fwl868
   Mary wl840
   Sam. (2) f 1886
   Sophia f1880
   Wm. D. f1870
KEEFER, Anna f1889
   Christian f1835,
      fwl886
   Mich. f1889
KEELTH, Jas. f1838
KEENER, Geo. f1878
KEEPERS, Jos. f1803
   Jos. Jr. f1798
KEESACRE, Eliz. f1821
KEFAUVER, Fredk. f1881
   Jac. M. f1877
   Jno. f1870
   Otho J. f1884
KEIFER, Christianna wl865
KEIFFER, Jno. f1809
KEIHL, Eliz. fwl884
KEISACKER, Jac. fwl880
KEISACRE, Phil. f1821
KELLAR, Jos. C. f1818
   Marg. f1821
   Ruth f1843
   Sarah wl887
KELLER, Ad. M. f1856
   Barb. fwl838
   Eliz. fwl826, f1880
   Ezra f1849
   Hannah fwl857
   Harlan P. f1852, f1856
   Jno. f1821, fwl854
   Levi f1880
   Tally f1859
   Tho. fwl859
   Tho. I. fwl887
   Wm. f1841

Wm. N. fwl880
KELLEY, Tho. f1783
KELLY, Dan. fwl798
    Pat. f1844
    Su. f1834
    Wm. fwl791
KEMP, Gregory f1799
    Geo. fwl886
    Jane R. wl884
KENDAL, Eliz. fwl881
    Jas. f1815
KENDALL, Jos. f1842
    Sam. Jr. wl840
    Wm. fwl818
KINDLE, Jno. fwl878
    Marg. D. f1866
    Wm. wl786, f1853
KENEISLY, Henry f1799
KENISTRICK, Jno. fwl784
KENNEDY, Alex. fwl836
    Fr. fwl878
    Frank fwl887
    Geo. f1802, f1809
    Geo. S. fwl878
    Howard fwl855
    Hugh fwl835
    Jas. H. f1847, f1853
    Jno. fwl847
    Nath. fwl826
    R.F. f1859
    Rebecca f1880
    Su. f1884
    Su. S. f1844
    Tho. fwl832
    Wm. B. f1864
KENNY, Bridget wl863
    Geo. f1851
KENOKEL, Fredk. f1785
KEPLER, Jno. f1835, f1838
KEPLINGER, Dav. f1872
    Jac. fwl848
KERICK, Jos. nl 1786
KERNS, Eliz. f1844
KERSHMER, And. f1880
    Ann M. f1841
    Ben. f1826
    Christian fwl826
    Dan. f1829, f1851
    Elias f1804
    Eliz. fwl860
    Geo. f1804, fwl838
    Geo. Jr. f1801
    Gustavus f1872
    Hannah f1800, fwl801
    Jac. f1776, fwl815
    Jno. fwl822
    Jon. f1816

Jos. f1823
Josiah f1855
Martin fwl818, f1870
Nancy f1881
Pet. f1847
Phil. fwl836
KESACRE, Sim. fwl818
KESSINGER, Geo. fwl863
    Geo. Sr. fwl809
    Mary A. f1864
KESSLER, Ann f1829
    Rebecca f1881
KEYS, Elie f1884
    Wm. f1823
KEYSER, Fredk. f1804
KIERMAN, Mich. wl800
KILHAM, Adaline f1866
KILLAN, Sam. f1864
KINDLE, Mason fwl888
KINE, Dan. f1805
KING, Ab. (2) fwl829, f1836
    Cath. wl882
    Christian f1859
    Dan. f1874
    Geo. fwl808
    Geo. R. fwl885, f1889
    Henry fwl865
    Jac. L. f1862
    Jno. fwl833
    Magdalena f1843
    Tho. f1856
KINGERY, Jac. fwl839
KINKLE, Ad. fwl867
    Jac. fwl821, fwl827
    Mary fwl871
KINNEY, Cath. fwl879
KINSELL, Jos. f1868
KINSEY, Sam. f1833
KIRK, Mary fwl834
KIRKPATRICK, Geo. wl783
    Jno. f1852
    Sam. f1807
KISACKER, Phil. wl777
KISER, Lewis f1834
KISSINGER, Geo. f1827
KITZMILLER, Cath. M. f1869
    Jac. f1878
    Jno. f1863
    Wm. f1861
KLINE, And. fwl841, f1847
    Conrad f1827
    Ellenora f1867
    Geo. f1876
    Henry wl831
    Jac. W. f1881
    Jer. B. f1888
    Marg. f1880

Mary fwl855
Pet. fwl833
Phil. fwl845, f1857
Sam. f1833
Sarah wl875
KLINK, Geo. fwl825
    Geo. F. f1840
KNABLE, Geo. f1841, f1818
KNEDY, Marg. wl836
KNEEDY, Eliz. f1820
    Geo. wl828
KNEPPER, Jac. f1832
KNIGHT, Sam. fwl872
KNODE, Cath. fwl881
    Clinton, f1887
    Conrad fwl804
    Cornelius f1851
    Geo. fwl854
    Henry fwl781
    Israel fwl868
    Jac. fwl828
    Jac. M. f1833
    Jno. fwl848
    Jno. E. f1875
    Jno. G. f1867
    Jno. M. fwl839
    Lewis A. fwl883
    Matthias f1801
    Nancy fwl847
    Rebecca f1848
    Sally fwl879
    Sim. G. f1868
    Wm. H. f1887
KNODLE, Elias wl869
    Jac. f1832
    Jno. f1862, f1875
    Sam. fwl851
    Wm. f1876
    Wm. Sr. f1851
KNOTT, Jas. f1837
    Sam. wl872
KNOWD See Knode, Henry
KNOX, Jos. fwl871
    Nancy f1872
KOALER, Jno. f1796, f1810, fwl813
KOCH, Geo. f1850
KOCK, Pet. f1841
KOHLER, Geo. fwl791, fwl798, f1868
    Geo. (of Jno.) f1875
    Jno. f1876
    Jonas fwl883
    Sol. f1878
KOING See King, Geo. fwl808
KOONS, Evan fwl869
KOONTZ, Cath. f1833

19

Elie f1887
Jac. S. fw1853
Jno. Wm. w1880
Pet. fw1844
KOPPISCH, Augustus f1834
　Fredk. f1884
　Lewis H. fw1888
KOSTENBADER, Jno. B. fw1886
KRAFT, Jac. f1833
KRAUSE, Jac. f1856
KREAGER, Henry fw1806
KREGELO, Wm. w1830
KREICH, Phil. fw1805
KERIGH, And. f1827
　Cath. f1834
　Eliz. f1830
　Geo. f1825
　Phil. f1824
　Wm. f1876
KRIES, Magdalene fw1856
KREPS, Geo. F. f1826
　Henry f1865
　Jac. fw1857
　Jno. f1816, f1825
　Ludwig f1798
　Martin f1806
　Mich. fw1835
　Wm. fw1822
KRETZER, Aar. fw1843
　Amelia M. f1843
　Christian f1872
　Dan. f1843
　Geo. W. f1887
　Hannah fw1860
　Henry f1844
　Jac. f1833
　Jno. f1828
　Leon. fw1821, (2) f1841
　Su. fw1887
　Wm. f1868
KRETZINGER, Cath. fw1871
　Geo. w1782, f1794
　Isaac f1871
　Jos. f1852
　Ludwig f1818, fw1854
KROFT, Jac. w1837
KROMER, Geo. fw1878
KROON, Jac. f1873
KROTZER, Jno. M. f1842
　Jos. f1856
　Sarah A. f1862
KROUSE, Ann M. f1868
　Edw. M. f1865
　Jac. f1875
　Jno. f1864
　Pet. fw1827, fw1851
　Sol. G. fw1863

Su. f1860
KUHN, Christian f1819
　Jac. f1807, fw1881
　Leon. f1805
　Nancy f1884
　Wm. f1854
KUNTZ, Cath. fw1874
　Jno. f1847
　Maria fw1855
　Sarah fw1867
KURFMAN, Henry f1836
KYPER, Geo. fw1875, f1879

LADY, Henry f1832
LAGESON, Dorothy f1785
LAHM, Eliz. w1851
　Jno. f1841, f1851
LAHRN, Geo. W.L. f1853
LAIZ, Jno. fw1849
LAKE, Tho. f1874
LAMAR, Eliz. fw1882
　Wm. B. fw1872
LAMBERT, Eve M. f1828
　Geo. fw1787, fw1823
　Geo. H. f1864
　Jno. f1836, f1888
　Jonas f1822
　Jos. fw1877
　Wm. f1873
LANAHAN, Tim. f1834
LANDIS, Ab. f1831
　Henry f1823
　Mary f1854
LANE, Cath. f1825
　Chas. G. fw1873
　Eliz. O. fw1889
　Johanna f1840
　Jas. S. f1824
　Seth fw1825
LANDON, Fr. fw1825
LANCANACRE, Christian f1810
LANGLEY, Jno. fw1811
LANNAN, Fr. X. f1832
LANSDALE, Mary f1818
LANTZ, Ad. fw1842
　Christian w1798, f1811
　Eliz. fw1809
　Eliz. D. f1886
　Geo. f1801
　Jac. fw1801, f1880
　Sam. f1841, f1845
　Wm. M. f1889
LAPOLE, Eliz. w1863
　Mathias f1843
　Phil. f1885
　Wm. f1872
LAPPON, Alex. H. f1845

LAST, Jas. f1862
LAUHM, Jno. f1838
LAUVER, Mary fw1860
LAVELY, Wm. P. f1873
LAWDENBERGER, Geo. f1792
LAWLES, Rob. f1815
LAWRENCE, Cath. M. f1854
　Eliz. fw1867
　Otho f1841
　Upton f1824
　Upton H. f1858
　Wm. f1866
LAWS, Elliott, f1840
　Jas. S. f1833
LEAR, Jac. f1823
LEARY, Edw. f1821
LEAS, Jac. fw1851
LEASURE, Eligah f1821
　Sarah J. f1884
LEATHER, Lewis M.J. fw1881
LEATHERMAN, Jac. fw1883
LEBERKNIGHT, Marg. fw1864
LECKLER, Wm. D. fw1889
LECKRONE, Cath. f1835
　Jac. f1834, f1885
　Maria f1833
　Rebecca f1842
　Sim. fw1814
LECKROON, Jac. f1814
　Jno. f1823
LEE, Jno. f1875 (N)
　Wm. H. f1871
LEEDS, Ludwig fw1863
LEEFEVER, Cath. E. f1859
　Christianne f1864
　Dan. fw1855
　Dav. fw1821
　Eliz. C. f1863
　Geo. fw1850, f1872
　Henry (of G.) f1852
　Jno. f1815
　Sarah f1826
LEGER, Gottlieb fw1855
LEGGETT, Mary fw1885
　Rob. f1817
　Sarah f1841
　Tho. H. fw1884
LEHMAN, Barb. f1872
　Jac. B. f1866
LEIBERKNIGHT, Fredk. f1861
LEIBOLD, And. f1862
LEIDER, Ab. fw1818
　And. f1818
　Jno. f1814
LEIGHT, Jac. fw1874
　Pet. fw1833, fw1853
LEIGHTER, Alex. f1815

Jac. fwl814
Pet. f1793
LEIGINSLAND, Geo. fwl863
LEITER, Ab. f1864
Evans f1852
Geo. A. f1864
Jac. f1823
Jos. f1862
Lewis B. f1885
Louisa A. f1870
Sam. fwl856
LEMASTER, Ab. fwl820
LEOPARD, Ad. fwl822
Jac. f1854
LEOPPARD, M.M. f1847
LESHER, Eliz. fwl846
Isaac f1858
Nancy fwl874
Su. fwl886
LESLEY, Jno. f1831
LESLIE, Jno. f1880
Jos. f1862
LETZ, Leonora f1887
LEVERKNECHT, Chris. f1831
LEVI, Gerson f1869
LEVIS, Mary R. wl885
LEWIS, Ant. Wayne fwl876
Mary f1846
Su. fwl871
Wm. f1805, f1827, fwl861
LICHTY, Cath. f1874
Henry f1873
Mary f1865, wl886
LIGHT, Ann Cath. fwl849
Ben. fwl848
Jac. f1885
Jno. f1882
Nancy f1885
LIGHTER, Jos. fwl875
LILAS, Ben. wl861
LIND, Jno. f1824
LINDAMOOD, Hannah fwl881
LINDSAY, Jas. f1882
LINE, Geo. fwl825, fwl831
Henry f1863
Jac. fwl822, fwl879
Jno. f1836
Magdalena f1884
Marg. f1863
Margaretta fwl850
Martin L. f1865
Orville D. f1878
LINN, Hesther f1838
Levi fwl855
LINTZ, Eliz. fwl869
LISLE, Dan. wl877

LITTLE, Chas. A. f1877
Christianna f1826
Dan. F. wl886
Jac. fwl825
Jos. fwl860
Mary f1885
Sarah wl861
Sarah E. (2) f1867
Wm. f1869
LIZER, Jno. R. f1889
Judith fwl868
Mary wl877
LOCHMAN, Casper wl794
LOCKER, Fredk. fwl805
Geo. f1831
Henry fwl827, f1835
LOCKRIDGE, Geo. f1827
LOGAN, Hugh f1856
Rob. f1845
Wm. (2) f1878
LOGUE, Mary f1859
LONG, Conrad f1807
Dan. f1844
Dav. fwl816, fwl868
Eliz. fwl868
Emanuel (2) fwl843, f1866
Hzk. H. f1881
Isaac f1786, fwl837, fwl854
Jac. fwl881, f1881
Jno. fwl791, f1814, f1821, fwl823, f1866
Jos. fwl852, (2) f1865, f1876
Jos. R. f1885
Lydia fwl863
Marg. fwl814
Mary Ann f1877
Nancy f1865
Nath. f1859
LONGANACRE, Barb. wl812
LONGANECKER, Mary f1871
LONGMAN, Jno. fwl838
LOOSE, Henry C. fwl888
Jon. f1884
Jos. B. (2) fwl884
LOPP, Ab. f1851
Geo. fwl883
Jno. f1852
LORSHBAUGH, Ellen f1878
Harman f1800
Susannah wl854
LOUDEBAUGH, Jno. fwl834
LOUDENSLAYER, Jno. f1852
LOUT, Geo. f1862

Pet. f1856
LOVE, Ann fwl860
Wm. fwl856
LOWE, Geo. f1826
Nicholas fwl810, f1841
Overton G. f1862
LOWENSTEIN, Isaac f1885
LOWER, Wm. T. fwl878, f1878
LOWMAN, Ann f1846
Eliz. f1882
Geo. f1856
Henry f1849
Henry J. f1873
Jac. fwl828
Jno. f1822, f1823, f1888
Mary fwl873, f1873
LOWNA, Mary fwl804
LOWRY, Henry fwl886
Hester f1857
Jno. wl869
Mich. f1807
Su. f1873
Tho. f1844
LUDY, Jno. fwl813
LUSHBAUGH, Cath. fwl861
Jno. f1864
Phil. f1851
LUTZ, Sam. wl876
LYDAY, Ad. fwl805
Henry fwl865
Wilson f1881
LYNCH, Blackstone f1873
Eliz. C. wl873
Harriett fwl876
Jno. B. f1828
Mary (2) f1872
Meleha fwl835
Sam. fwl834
Sam. Jr. f1840
Tho. f1882
Tho. J. f1867
Wm. P. f1856
Winford fwl839
LYNN, Clarke f1812
Jno. f1791
LYON, Martin fwl804

MACE, Cath. f1867
Geo. f1865
Geo. Sr. f1867
Jac. f1867
Sarah f1883
Su. f1875
MACK, Gotlieb P. f1835
MACKEY, Elisha L. fwl881
Wm. f1784

MACLE, Jno. D. f1856
MADAGAN, Geo. f1889
MADES, Phil. f1872
MADDOX, Tno. Dr. f1887
MAFFIT, Wm. f1832
HAGILL, Louisa f1867
 Wm. D. f1833
MAGRAW, Hugh wl780
MAGRUDER, A.J.R. fwl871,
 f1877
MAHER, Pat. f1824
MAINES, Phil. fwl840
MAINS, Mary fwl799
 Phil. fwl842
 Tno. fwl848, fwl781
MALAVERY, Wm. fwl871
MALONE, Ben. fwl820
 Jas. fl845, fwl815
 Jno. f1815
 Naomi fwl825
 Wm. f1821
MALOTT, Ben. fwl815, fwl836,
 f1868
 Dan. f1834
 Elias fwl837
 Jno. f1815
 Jno. S. fwl861, f1882
 Kitty f1826
 Mary f1835
 Mich. f1817
 Pet. fwl806, f1814
 Sallie f1866
 Sarah B. fwl864
 Su. R. fl865, f1856
 Thdr. wl751, f1832,
 f1836
MANCHILLER, Christian f1807
MANDAVILLE, Miller f1833
MANN, Job fwl879
 Jno. H. fwl841
 Warford f1872
MAPHET, Wm. fwl779
MARKER, Franklin f1868
 Henry wl846
 Jas. fwl883
 Su. f1868
MARMADUKE, Jas. f1889
MARSHALL, Jac. T. (2) f1857
 Jas. f1812
 Wm. M. f1885
MARSTELLAR, Anna f1855
 Dennis L. fwl854
MARSTETTER, Geo. f1800
MARTENY, Geo. fwl850
 Jno. fwl858
 Sophia fwl871
MARTIN, Ad. fwl837

Ad. B. fwl864
Ann fwl807
Anna fwl882
Barb. fl853, f1854
Christian f1837
Dan. fwl885
Dav. f1826, f1828,
 fwl833, f1863,
 f1866
Edw. G.W.H. f1855
Emanuel f1887
Frank N. f1883
Henry fwl844, f1871
Henry M. (2) f1860
Jac. fwl785, fwl836
Jno. Sr. f1887
Jno. W. f1883
Marg. P. f1880
Mary f1845
Nicholas fl834
Otho f1845
P.A. (Mrs.) f1858
Sam. fwl813, f1826
Stephen f1839
Tho. fwl859
MARTZ, Eliza Ann f1861
MASE, Geo. fwl832
MASON, Eliz. fl836, f1841,
 f1882
 Jas. f1823
 Jer. fwl849
 Jer. Jr. f1849
 Jno. T. f1825, f1841
 Jno. T. (of J.) f1863
 Jno. Tho. f1856
 Laura f1880
 Sam. fwl882
 Sarah fwl867
 Virginia f1859
 Virginia W. f1859
MASTERS, Jno. D. f1859
 Martin fwl880
MATTHEWS, Edw. fl816
 Maria wl874 (N)
 Sam. f1877
MAUGINS, Ab. f1833
 Eliz. fl845
 Jon. fwl881
MAY, Geo. Fredk. fwl875
 Rebecca fwl879
MAYER, Lewis fwl880
MAYHEW, Jas. P. f1866
MAYHUGH, Jane f1885
 Jno. f1857
MAYSEL, Mich. f1869
MAYSILIAS, Henry fwl854
 Jac. fwl878

Jno. f1850
McABEE, Jno. M. f1883
McALVEY, Wm. f1887
McATTEE, Anna A. f1880
 Wm. B. fwl866
McAVOY, Pat. f1852
McBRIDE, Fr. wl874
 Hannah f1881
McCAFFERTY, Dennis fl825, f1827
 Nancy fwl854
McCALL, Rob. f1813
McCAMMON, Su. fwl882
 Tho. f1881
McCARDELL, Ann fl861
 Pat. fwl786
 Rich. P. f1851
 Tho. fwl843, f1861
 Wilford D. f1861
 Wm. f1884
McCARTER, Mary wl882
McCARTY, Cath. fwl858
 Marg. A. f1862
 Owen fwl835
McCAULEY, Cath. A. f1886
 Chas. fwl817, fwl830
 Hannah fwl835
 Hugh f1823
 Isaac H. f1837
 Jas. f1824
 Sam. fwl878
McCLAIN, Elie L. f1845
 Jas. fwl822
 Jno. (of Jno.) f1832
 Josiah f1839, f1835
 Wm. B. fwl888
McCLANAHAN, Alex. fwl778
 Rebecca fl848
McCLEAN, A.J. f1863
 Eliz. fwl863
McCLEISH, Dan. wl813
McCLELLAND, Jas. f1805
 Jno. f1831
McCLENORGHAN, Alex. wl777
McCLOCHLIN, Cath. f1836
McCLOSKER, Sarah f1852
McCLUNG, Eliz. f1829
 Wm. (2) fwl828
McCONE, Jos. Addison wl867
McCORMACK, Fr. wl847
McCORMICK, Jno. H. f1886
 Sam. f1872
 Wm. f1802, f1856
McCOSKER, Pet. (2) f1836,
 f1837
McCOY, And. f1855
 Arch. fwl810, fwl842,
 f1865

Cath. f1837
Dan. f1788
Denton J. f1850
Edmond f1828, f1834
Elbert f1878
Eliz. f1859
Jas. f1819, f1838, f1859
Jer. f1824, f1859
Jno. fwl837
Jos. fwl818
Mary (2) f1826, f1839, f1841
Naomi wl876
Sarah f1838, f1839
McCRACKEN, Isaac f1783
McCREA, Cath. f1861
Jno. f1818
McCULLOCK, Marg. (2) f1829
McCULLOM, Alex. wl803
McCURDY, Jno. fwl837
Ra. f1854
McCUSKER, Hugh fwl853
McCUSKIE, Marg. fwl879
McDADE, Cath. fwl850
Chas. E. fwl885
Tho. f1841
Wm. f1848
McDILL, Cath. f1823
Isaac f1789
McDONALD, Matt. f1876
Pat. f1850
McDOWELL, Jno. f1879
Nat. fwl831, f1860
McEVOY, Pat. fwl879
McFARLAND, Jas. fwl873
McFARREN, Sam. f1791
McFERREN, Alex. f1824
McGAFFAGAN, Jno. f1820
McGANLEY, Wm. f1853
McGAUGHY, Wm. fwl798
McGEE, Hugh f1855
McGILL, Nicholas C. f1843
McGLAUGHLIN, Henry f1837
McGLENNEN, Jas. f1832
McGLOCHLIN, Jno. f1832
McGONEGAL, Jas. fwl858,
McGRATH, Jas. fwl857
McGRAW, Eliz. f1883
McGUIRE, Owen f1855, f1856
McGURK, Pat. f1839
McHENRY, Seaby wl827
McILHENNEY, Ann f1867
McILHENNY, Jas. f1833
Jno. f1832
Jos. f1826
McINTYN, Jno. wl850

McKAIG, Tho. J. fwl882
McKEAN, Jno. f1888
McKEE, Allen f1860
Annie C. fwl886
Hugh fwl852
Jno. f1871, fwl871
Leander f1864
Rob. f1812
Sally fwl871
Sam. f1853
McKIERNAN, Mich. fwl800
Mich. Jr. f1801
McKINLEY, Henry f1847
Julian fwl848
McKISSIE, Jas. f1827
McLAIN, Jas. f1844
Jno. f1827
Marg. f1844
Martha fwl859
Sarah Ann f1844, fwl844
Ulton f1844
McLAMEE, Hugh f1800
McLANAHAN, Geo. fwl869
Jno. A. f1857
Mary A.E. fwl885
Sarah f1870
McLANE, Jas. fwl816
McLAUGHLIN, Cath. fwl845
Dixon G. f1879
Henry f1853
Jno. f1804, (2) fwl839,
f1853, f1873,
f1876, fwl877
Louisa f1857
Perry B. fwl875
Ruth fwl878
Sam. f1865
Su. fwl835, fwl846, f1882
Wm. fwl843
McLELLAN, Wm. fwl880
McLIND, Sam. fwl808
McMACKEN, Pet. f1853
McMAHON, Mich. f1835
McMULLEN, Rob. f1836
McNAMA, Pat. f1866
McNAMEE, Alice f1821
Geo. fwl838
McNEAL, Tho. J. f1870
McPHEARSON, Horatio fwl836
Mary fwl842
Rebecca f1886
Tho. B. f1848
Virginia f1883
McQUINNEY, Tho. f1827
McWILLIAMS, Rob. P. f1830
MEADS, Jer. wl869

Marg. f1861
MEALEY, Edw. M. f1871
MECK, Dav. fwl783
Tho. fwl778
MEED, Ben. fwl815
MEIKSELL, Henry f1863
MELTON, Phil. f1817
Tho. f1818
MELY, Ab. f1842
MENTZER, Barb. Ann fwl870
Cath. fwl843, f1846, f1881
Conrad F. wl848
Conrad Jr. f1884
Dav. f1857
Esther f1881
Jac. f1879
Jno. f1822, f1874
Jno. M. fwl885
Jos. S. f1881
MERCHAND, Dav. wl761
MERCK, Henry f1849
MERRICK, Jos. I. fwl854
Sophia B. fwl873
MERSON, Phil. f1785
MERTZ, Cath. f1874
Eliz. fwl848
Jno. M. fwl855
MESSNER, Maria f1855
METCALF, Mashon fwl836
METZER, Henry fwl885
MICHAEL, Ad. f1880
Anne Mary fwl804
Henry f1783
Jno. f1784
Jno. E. wl799
MIDDLEKAUF, Ben. f1882
Chas. C. f1866
Christian fwl828
Cornelius C. f1873
D.M. f1847
Dan. fwl855, f1856, f1872
Dav. f1836, f1863
Dav. C. fwl838
Elias f1863
Eliz. fwl849, f1873, fwl880
Esther fwl854
Geo. B. f1881
Geo. G. f1877
Geo. H. f1870
H. f1848
Hannah fwl839, f1842
Hannah (of D.) fwl842
Henry F. f1862
Jac. fwl834, f1859

Jac. C. wl887
Jac. L. fwl870
Jas. W. f1859
Jno. fwl808
Jno. C. f1863
Jno. J. f1884
Jno. S. f1873
Jos. f1863, fwl877
Leon. fwl851, f1864
Mary f1844
Mary A. fwl839
Mary E. fwl821
Pet. f1827, fwl877
Sam. fwl860, f1874
Sam. S. f1874
Sarah fwl865
Sophia fwl887
Su. fwl872
MILES, Chas. fwl804
   Dan. f1861, f1863
   Joshua B. f1826
   Shaderick f1788
MILIS, Cath. wl789
   Jac. wl801
   Jas. P. fwl843
   Mich. f1832
   Tho. f1855, f1856
MILLER, Ab. fwl865, f1884
   Ad. f1781, wl817
   Albert L. wl886
   Alethia H. f1887
   Alice E. f1882
   Ann fwl847, f1852
   Anna fwl873
   Baltzer f1825
   Barb. f1847
   Cath. f1834, wl870, f1877
   Christian fwl787, fwl828, f1869
   Dan. f1829, fwl862
   Dan. C. f1860
   Dan. D. f1841
   Dav. wl785, fwl811
   Dav. S. f1872
   Eliz. wl798, f1828, fwl853, f1858, f1866
   Eva f1869
   Edmund G. f1885
   Geo. f1817, f1825, fwl835, fwl857
   Geo. W. f1882
   Hans wl782
   Henry f1843, f1846, fwl875, fwl882

Henry C. fwl865, f1880
Isaac f1833, f1850, f1851
Jackson f1871
Jas. D. f1836
Joel f1869
Jac. f1813, fwl816, f1822, f1813, fwl816, f1822, f1844, fwl868, fwl876, f1882, f1883
Jac. E. f1877
Jac. F. f1827
Jac. H. wl873
Jac. J. f1853
Jno. fwl794, f1777, fwl801, f1804, f1807, fwl810, f1814, f1819, f1821, (2) f1825, fwl837, fwl853, f1866, fwl866, f1870, f18882
Jno. C. f1838
Jno. D. f1851
Jno. G. fwl877
Jno. Jr. f1871
Jno. Merch fwl832
Jno. S. f1848
Jno. W. fwl821, fwl877, fwl882
Jno. (of Jno.) f1834, f1848
Jos. f1851
Jos. F. f1842
Magdalena f1856
Marg. fwl830, f1843
Mariah fwl834
Martin f1825
Mary fwl866, fwl871, f1874, fwl877
Mary A. f1888
Mary E. fwl887
Mason f1820
Matthias fwl823
Mich. f1832, fwl853
Morgan f1886
Nancy f1860, fwl873, fwl877
O.H.S. f1850
Pet. fwl818, f1826, f1841, f1854, (2) fwl856
Rob. fwl814, fwl843
Rosanna f1860
Sam. fwl849, f1868,

f1871
Su. fwl844, f1848, fwl880
Tobias f1822
Wm. f1817, fwl847, fwl885, fwl889
Wm. H. f1853
MINER, Sophia fwl888
   Su. f1853
   Wm. fwl889
MINGEA, Beverly P. f1852
MINNEBRAKER, Annie f1888
   Jno. H. fwl877
MINOR, Phoebe f1854
MISENER, Jac. fwl876
MISH, Geo. f1826
   Marg. f1840
   Mary fwl854
MISKIMMINS, Dav. wl823
   Ra. fwl805
MITCHELL, Alex. fwl860
   Amelia fwl886
   Jas. f1853
   Jno. fwl750
MITTAG, Cath. f1877
   Fredk. f1828
   Jno. G. f1829
   Sophia f1888
MOATS, Elias f1872
   Jac. fwl842
   Jno. fwl840
   Jno. H. fwl889
   Maria fwl844
   Nancy wl884
   Rebecca f1875
   Sam. f1861
   Susannah fwl849
   Wm. f1845
MOCK, Eliz. f1849
MOFFIT, Eliz. f1839
MONAGAN, Jas. f1865
MONAHAN, Tim. fwl806
MONDEBAUGH, Jac. f1848
MOLER, Geo. W. wl873
   Jno. fwl880
   Lemuel f1836
MONG, Cath. f1821
   Dewalt f1801
   Geo. fwl871
   Geo. N. fwl792
   Godfrey fw 1750
   Jac. f1815
   Jno. f1863
   Jos. P. f1883
   Pet. fwl862
   Pet. S. f1863
   Su. f1864

MONGAN, Jas. f1866
  Jno. fwl884
MONINGER, Helen f1860
  Henry f1853
  Henry J. f1860
  Jno. fwl837
  Martin L. f1863
MONNINGER, Wm. f1853
MONOHAN, Eliza fwl874, f1882
MONROE, Pat. fwl887 (N)
MONTABAUGH, Wm. fwl807
MONTAG, Phil. fwl868
MONTEBAUGH, Jno. fwl865
MONTGOMERY, Su. J. fwl886
MONTZ, Nancy fwl888
MOONY, Pat. fwl839
MOORE, Alex. f1855
  Dan. wl792, f1803
  Geo. f1783
  Jas. D. fwl840
  Jos. S. f1860
  Levi f1860
  Rich. f1849
  Ulton T. f1865
MOREHEAD, Isaac f1834
MORELAND, Marg. C. fwl884
MORGAN, Edw. fwl879
  Marg. f1845
  Wm. fwl842
MORGENSTERN, Maria fwl868
MORNINGER, Mary Ann f1861
MORIN Dav. f1863
MORRIS, Evan f1835
  Mary f1837
  Tho. f1871
MORRISON, Alex f1830
  Jesse fwl874
  Wm. S. f1838
  Wm. T. f1868
MOSE, Henry f1855
MOTZ, Henry J. fwl871
MOTTER, Elie f1842
  Isaac fwl878
  Valentine fwl834
  Wm. fwl885
MOUDY, Baltzer f1800
  Elie f1879
  Elmira R.A. fwl887
  Eve fwl862
  Mich. f1841
  Su. wl854
MOUND, Wm. wl823
MOURER, Jac. wl838
  Pet. f1800
MONDY, Geo. fwl835
  Geo. Jr. f1836
  Jno. f1853

MOWEN, Elisha f1877
  Pet. f1840
MOWRY, Jno. f1852
  Jonas f1851
  Mary A. fwl864
MOXLEY, Eliza f1884
  Lloyd f1845
  Spencer wl865
MOYER, Ab. f1810
  Conrad f1797
  Dan. fwl853
  Eliz. f1817
  Henry f1865
  Jac. fwl837
  Jno. f1826, fwl871
  Sim. fwl782
  Susanna f1833
MUCK, Conrad f1830
  Jno. fwl874
  Mary Ann f1849
  Tho. fwl815
MUIR, Jas. f1820
MULDOWNEY, Owen f1854
MULLEN, Jno. f1875
MULLENDORE, Cath. f1877
  Cecelia E. f1888
  Dan. f1880
  Jac. f1854
  Jno. fwl809
MULVANEY, Jas. wl807
  Winifred fwl816
MUMMA, Barb. fwl854
  Dan. G. f1888
  Eliza fwl851
  Eliz. fwl886
  Geo. W. f1842
  Henry f1809
  Jac. fwl848
  Jno. f1835
  Sam. fwl877, f1886
MUMMERT, Wm. f1871
  Sam. f1886
HUNDEBAUGH, Eliz. f1833
  Jac. fwl839
MUNDY, Pat. f1839
MUNSEN, Sarah A. fwl871
MURPHY, Chris. wl832
  Ellen fwl840
  Hugh fwl878
  Jno. nl 1792, f1862
MURRAY, Eliz. fwl822, fwl882
  Jas. wl856
  Jno. f1862, fwl869
  Joshua wl827
  Rich. fwl852
  Roseanna f1864
  Su. Ann f1881

MURRY, Jas. f1842
  Jno. f1833
MUSE, Sanford f1808
MYER, Felix fwl795
  Mich. fwl785
MYERS, Ad. fwl829
  Ann Cath. f1858
  Cath. f1866
  Dav. fwl883
  Eleanor f1888
  Eliz. f1843
  Emanuel f1858
  Fredk. f1837
  Henry f1840
  Jac. (2) 1821, fwl830,
    f1826, f1845,
    f1848, f1851,
    f1853, f1853
  Jac. Jr. fwl882
  Jac. (of Jno.) f1841
  Jno. fwl836
  Jno. Sr. f1829, f1852
  Jon. fwl826, f1859,
    fwl868
  Jon. (of A.) wl884
  Leah f1853
  Ludwig fwl780
  Marg. f1831
  Martha J. f1872
  Martin Sr. f1851
  Mary f1829, wl876
  Mary A. fwl889
  Mich. f1803
  Mich. F. f1814
  Pet. (2) fwl817,
    f1838
  Sam. f1850
  Sarah fwl830, f1860
  Su. fwl849
  Wm. f1887
  Wm. H. f1888
  Zacharias fwl861
MYLEY, Eliz. fwl869
  Jno. f1882
  Martin f1850

NAIL, Geo. D. f1864
  Sam. W. f1885, f1887
NASH, Hawley f1821
NAUGLE, Jac. fwl824
NAVE, Ab. fwl803
  Dav. f1823
NEAD, Matthias f1789
NEAL, Jas. f1862
  Nancy f1884
NEALL, Acquilla f1805
  Wm. f1806

25

NEAR, Jno. f1831
NEBINGER, Wm. f1863
NEEDHAM, Ben. f1833
NEEDY, Cath. f1877
   Dav. f1876
   Isaac wl804
NEFF, Cath. wl869
   Geo. f1875
   Jno. fwl815, fwl888
   Thdr. C. f1884
NEGLEY, Cath. wl863
   Christian f1880,
      fwl880
   Pet. f1884
NEIBERT, Eliz. fwl880
   Phil. fwl860
NEICARRY, Jac. fwl888
NEIKIRK, And. f1884
   Anna Mary fwl862
   Barb. f1861, fwl865
   Cath. E. f1884
   Dav. S. f1880, fwl884,
      f1886
   Geo. f1844
   Henry fwl808, fwl862
   Jno. f1853, fwl878
   Jno. W. f1860
   Viola f1866
NEIL, Dav. fwl863
NEILL, Alex. Jr. fwl865
   Alex. Sr. fwl858, fl865,
      f1889
   Henry wl851
   Jas. f1875
   Mary S. f1880
   Ra. fwl843
NEISHWANDER, Jno. Jr. wl790
NESBITT, Ann R. fwl885
   Eliz. f1815
   Isaac f1865
   Jon. f1877
   Nath. fwl807
   Pet. f1809
NESMITH, Jno. M. f1854
NETZ, Jno. fwl869
NEWCOMER, And. fwl847
   Anna f1855
   Bathsheba f1857
   Cath. f1883
   Christian Sr. fwl830,
      f1832,
      fwl851
   Dan. f1829
   Dav. C. f1852
   Dav. H. f1874
   Eliz. f1812, (2) f1854,
      f1887

   Henry wl795, f1828,
      fwl876, f1883,
      f1889
   Isaac f1823
   Jac. fwl853, f1855,
      f1859
   Jno. fwl824, f1861,
      f1863
   Jno. H. f1877
   Joel fwl852, f1867
   Jon. f1863
   Josh. f1888
   Josua fwl877
   Laura V. f1873
   Mary A. f1887
   Mary Eliza f1853
   Mich. fwl856, f1881
   Nancy f1878
   Pet. fwl826, f1832,
      fwl868
   Sam. fwl811
   Sam. F. f1885
   Sam. H. f1867
   Sarah fwl857, fwl871,
      f1880, f1886
NEWMAN, Cath. f1864
   Dan. f1832
   Jac. f1876
   Jno. f1851
   Ra. fwl888 (N)
   Rebecca f1832
NEWPORT, Jno. fwl853
NEWSON, Jno. f1814, fwl818,
      f1823
   Sarah f1824
NIBERT, Harrison f1884
NICHOLAS, Henry wl862
   Mary N. fwl863
NICHOLS, Eliz. f1888
   Jac. f1796, fwl880
NICODEMUS, Ab. f1831
   Conrad R. fwl883
   Eliz. f1887
   Jac. V. fwl875, fwl887
   Jno. f1879, fwl889
   Sophia fwl859
   Susanna fwl885
   Tho. fwl882
   Valentine fwl835
NIGHSWANDER, Ab. fwl819
   Dan. f1823
   Jac. f1824
   Sam. f1824
   Susannah f1824
NIHISHER, Rich. fwl846
NIKIRK, Anna f1851
NISWANDER, Christian f1856

   Eliz. wl857
   Jac. f1883
   Jno. f nd
   Lydia f1877
NITZEL, Jno. f1820
NITZELL, Barb. wl831
   Jno. f1857
NONEMOCKER, Nicholas f1806
NORRIS, Jac. f1867
   Lloyd M. f1834
   Marg. fwl873
   Sophia wl878
NOWD, Lawrence fwl790
NOWELL, Jas. fwl824
NUSE, Wm. wl807
NYNAM, Henry f1876
   Lewis B. f1878
   Mich. f1882

O'BRIEN, Henry fwl831, f1831
   Pat. f1855
O'BYRNE, Amelia f1845
   Ann C. f1853
   Dennis fwl842
   Jno. P. f1864
O'DONALL, Mary A. wl855
OELLEBRAND, Conrad fwl847
OFFITT, Helen A. wl843
OGLE, Cath. fwl840
OHENINE, Barney fwl823
OHLNINE, Chas. fwl830, f1832
   Mary fwl829
OHR, Eliz. f1887
   Henry T. f1868
   Nicholas fwl804
   Su. f1844
OILER, Mich. wl859
OLDMINE, Ben. f1881
O'LEARY, Tho. f1853
OLIVER, Cath. f1873
   Mary M. f1873
O'NEAL, Jas. f1871
   Jno. fwl807
   Jos. fwl878
ONLEBAUGH, Ad. fwl790
ONWILLER, Wm. fwl816
ORDERFER, Jno. f1816
ORMSTON, Ralph fwl831
ORNDORFF, Christian fwl797
   Eliz. f1832
   Henry f1877
   Jac. f1803
   Wm. F. f1886
ORNISTON, And. fwl858, f1869
ORNSTON, Jno. fwl869
ORR, Jno. wl817
ORRICK, Rebecca M. fwl885

ORTMAN, Henry f1820
OSBORN, Eliz. f1774, f1785
    Wm. T. f1835
OSTER, Cath. nl nd
    Conrad wl816
    Dan. fwl870, f1876
    Eva f1837
    Jac. f1836
    Phil. fwl804
    Sam. f1823
    Su. f1848, f1864
    Wm. L. fwl879
OSWALD, Ben. F. f1874
    Dav. fwl885
    Eve f1829
    Marg. fwl825
    Phil. fwl799
    Sarah f1859
OSWALT, Ben. f1841
    Jno. f1812
    Pet. f1822
OTT, Ad. f1829
    Eliz. f1856
    Eliz. Jr. f1859
    Julian f1829
    Mich. f1781
OTTO, Cath. fwl840
    Dav. fwl824
    Eliz. f1802
    Eve wl798
    Henry fwl814, f1824
    Isabella f1824
    Jno. f1884
    Matthias f1798, f1826
    Matthias Sr. f1788

PACK, Geo. wl754
PADEN, Jno. fwl849
    Lewis A. f1873
PAINTER, Geo. f1804
    Jno. f1804
    Melchor f1823
PALMER, Dan. f1838
    Dav. fwl855, f1855
    Eliz. f1874
    Jac. f1846
    Jno. f1833
    Jos. f1832
    Pet. f1839
    Rebecca f1840
    Sarah f1866
PALMON, Pet. fwl815
PARKER, Aaron f1778
    Jno. fwl853
    Su. wl843
PARKS, Jno. wl862
    R.H. wl872

PARRIN, Jos. f1784
PARROTT, Nicholas fwl834
PARTOON See Barton
PARTOON, Jac. f1815, fwl815
PASS, Eliz. fwl876, f1878
PATEN, Rob. fwl799
PATTERSON, Wm. D. f1862
PATTISON, Jer. f1862
    Su. f1866
PAULSGROVE, Jno. fwl882
PAYNE, Chas. f1831
    Eliz. fwl886
    Jno. H. fwl889
PEACHER, Jno. f1873, f1876
PEAR, Henry f1872
PEARSON, Jon. f1796
PECK, Henry C. f1855, f1856
    Jac. fwl805
PEEL, Nicholas fwl790
PELTZ, Jos. M. f1865
    Jos. P.F. f1873
    Nancy f1888
PENCE, Eliz. f1841
PENDLETON, Ben. f1853
PERRILL, Wm. f1878
PERRIN, Debora fwl826
PERROT, Eliz. f1834
PERRY, Herman F. fwl878, f1879
    Isabella wl791
    Jon. f1886
    Jos. (2) fwl785, f1826
    Louisa M. f1887
PERTAN, Nicholas f1786
PETER, Betty f1884
    Mich. f1791
PETERBENNER, Leon. f1795
PETERMAN, Geo. f1845
    Wm. T. f1875
PETERS, Caesars f1876, fwl876
    Chas. fwl854
PETERY, Eliz. f1813
    Jac. fwl812
    Jno. f1823
    Ludwig f1811
PETRE, Dan. M.C. fwl863
    Geo. fwl880
PETTICOAT, Nat. f1787
PETTICORD, Hannah fwl796
PFAUTZ, Henry f1827
PHALONA, Anna fwl864
PHILLIPS, Henry f1854
    Israel f1846
    Nimrod f1875
    Tho. fwl844, f1845
PHILLIPPI, Denton f1832
PHONTZ, Eliz. f1867
PHRANER, Wm. f1889

PICKETT, Barb. f1822
    Ellen fwl887
    Jas. M. f1887
PIERCE, Geo. f1883
    Lloyd f1867
PIGOTT, Wm. K. fwl874
PINKNEY, Guy fwl836
PIPER, Barb. f1856
    Dan. fwl857, fwl876
    Elias f1856
    Eliz. f1818
    Jac. fwl813
    Jno. f1822
    Thersa f1885
PITTINGER, Jac. D. f1876
    Wm. S. fwl879
PITTMAN, Jac. f1876
PLUM, Dav. f1856
    Jno. f1855
PLUMMER, Louisa f1876
POE, Geo. fwl869
    Isaiah f1862
POFFENBERGER, And. f1847, fwl883
    Cath. fwl858
    Christian fwl826
    Henry fwl832, fwl840, f1879, f1884
    Jac. fwl888
    Jno. fwl796, f1821, f1874
    Jon. fwl798
    Jos. fwl888
    Sim. fwl842
    Valentine f1798
    Wm. fwl878
POLE; Ann S. f1889
    Geo. W. f1886
POLK, Chas. wl753
POMROY, Isaac f1833
POOLE, Martin C. f1888
POORMAN, Henry fwl838
    Jno. fwl826
PORTER, Annabl f1885
    Chas. f1845
    Dan. f1835
    Geo. f1864
    Sam. f1813
PORTERFIELD, Hannah fwl853,
    (2) f1862
POSEY, F.J. fwl881
POST, Sarah Ann wl881
    Tho. f1829
    Tho. C.R. f1834
POSTATER, And. fwl806
POTT, Sarah f1852
    Wm. fwl848

POTTER, Barb. f1834
    Dan. f1833
    Jno. fw1825
POTTINGER, Jno. B. w1850,
        f1854
    Mary fw1854
    Mary D. w1821
    Tho. f1856
    Wm. f1833
    Wm. f1855
POTTOMAN, Jno. f1795
POTTORFF, And. fw1825
POTTS, And. J. fw1881
    Chas. f1871
    Eliz. fw1881
    Geo. W. f1889
    Jon. f1805
POWEL, Cath. f1880
    Helen fw1880
POWELL, Eve f1835
    Jno. fw1807
POWER, Wm. f1851
POWLASS, Eliz. f1817
POWLES, Ben. fw1860
    Henry fw1851
    Jac. f1808, fw1870
    Wm. A. f1881
PRATHER, Basil f1870
    Bazil fw1808
    Dan. M. f1854
    Eliz. fw1848
    Getty f1831
    Harry fw1829
    Isaac T. f1863
    Jas. f1815
    Jemmiara f1862
    Jon. D. fw1879
    Louisa fw1833
    Lydia f1881
    Rich. fw1789, f1866
    Sam. f1818, f1846
    Sam. O. f1861
    Sam. S. f1849
    Tho. fw1785, f1804
PRICE, Ben. fw1840
    Ellen fw1843
    Jac. fw1873
    Jno. w1877, f1828
    Jon. C. f1834
    Josiah f1825
    Rees w1782
    Sarah A. fw1888
PRIM, Jas. f1820
PRITT, Henry f1820
PROTZMAN, Dan. f1821
    Eliz. f1841
    Fr. f1835

    Jno. fw1804
    Jos. G. f1862
    Ludwig f1835
    Mary f1821
    Mary D. fw1848
    Salome f1884
    Sam. fw1878
    Wm. H. fw1884
PRY, Phil. fw1828
    Su. fw1856
PURDY, Tracy f1872
PUTNAM, And. fw1777
PUTTEN, Wm. fw1781
PYE, Sam. f1877 (N)

QUINN, Lawrence f1834

RANDALL, Su. W. fw1888
    V.W. f1832
RAGAN, Amelia f1822
    Barb. fw1841
    Jno. fw1832, f1816
    Jno. G. f1828
    Margaretta H. fw1877
    Rich. fw1850, fw1869
RAHAUSER, Jon. fw1816, f1855
RAMSEY, Eliza A. w1845
    Jas. fw1836
    Su. E. fw1846
RANCHEE, Adde f1799
RANEY, Hugh C. f1834
RAUTH, Justina Forderica fw1879
RAWLINS, Sol, f1821
RAY, Pet. f1834
    Wm. f1854
RAYMER, Jno. fw1784
REAMER, Jno. D. fw1866
    Upton Henry f1851
REAPSOMER, Christiana fw1885
    Jno. M. f1885
REBB, Mich. f1811
RECHER, Elias M. f1887
    Fredk. M. f1882
    Mary C. f1887
REDBURN, Priscella f1855
REDGRAVES, Jas. f1829
REECHER, Jac. fw1866
REED, Adeline f1881
    Geo. A. f1884
    Henrietta fw1876
    Jno. f1848
    Levin T. f1859
    Rebecca f1873
    Wm. f1834
    Wm. P. f1885
REEDER, Chas. C. fw1882
    Eliz. f1883

    Fr. fw1869
    Fredk. B. f1828
    Hiram f1875
    Jessee f1818
    Jno. f1804
    Kernelien B. f1837
    Mary fw1827
    Phil. fw1859
    Scott K. w1887
    Tho. A. f1857
    Zac Kariah f1853
REEL, Barb. A. fw1880
    Henry fw1873
    Jac. fw1844, f1874
    Jno. f1856
    Jos. fw1831
    Manzellus f1850
    Melvin H. w1886
    Rebecca f1857
    Sam. f1879
REESE, Lydia w1886
REHB, Jno. fw1809
REICHARD, Barb. fw1841
    Cath. fw1871
    Dan. fw1859, fw1866,
        f1881
    Dav. f1865
    Fr. fw1863
    Jac. fw1808, fw1888
    Jno. fw1881
    Julia A. f1882
REIFF, Dav
    Jno. fw1875
REIGH, Matthais f1787
REIGLE, Ben. fw1876, f1887
    Eliz. fw1887
RBILLY, Edw. f1873
REISE, Henry J. f1845
REITZELL, Anna E. f1880
    Eliz. w1872
REIZER, Geo. f1837
REMLEY, Jno. F.A. f1884
REMSBURY, Isaac fw1889
RENCH, Jac. fw1811
    Jno. J. f1798
RENNER, Cath. f1875
    Eliz. S, w1887
    Jac, Sr. fw1865
    Jno. fw1878
    Leander f1886
    Pet. f1872
    Prescilla f1839
    Rebecca f1825
    Wm. f1842
RENT, Dan. fw1888
RENTCH, And. fw1883, fw1792
    Dan. fw1832

Jno. fwl794, f1822
Jno. A. f1846
Jos. fwl879
Marg. f1806, f1860
Marg. Y. fwl845
Otho fwl825
Pet. fwl796, f1814, f1832
Sam. H. f1853
Sarah fwl889
REPP, Dav. f1878
Pet. f1824
RESH, Dav. fwl875
  Eliz. Jane fwl877, f1877
  Esther f1845
  Jno. f1879
  Jos. f1825
  Pet. f1861
  Sam. fwl877
RESLEY, Geo. f1809
  Mary f1863
RESSLEY, Jno. f1852
RETTBURG, Jac. fwl886
REYNOL, Dan. f1804
REYNOLD(S), Cath. fwl833
  Eliz. f1889
  Geo. C. f1889
  Jno. wl784, f1832, fwl846, f1879, fwl882
  Jno. E. f1887
  Jno. Henry fwl884
  Jos. f1830
  Kitty fwl852
  Maria E. fwl851
  Pet. f1809, f1812
  Sam. (of S.) f1879
  Su. fwl849
  Wm. fwl839, fwl877, fwl887
  W.R.S. f1836
RHINEHART, Henry fwl850, f1868
RHODES, Jac. f1875
RICE, Ab. fwl877
  Barb. fwl829
  Dan. f1863
  Hannah fwl845
  Henry f1842, fwl868
  Jac. f1804, fwl866
  Jno. f1823
  Jos. f1852
  Susannah f1842
  Sam. fwl886
  Tho. B. f1883
RICHARDS, Reggnold D. f1880
RICHARDSON, Jos. W. f1861
RICHART, Eve f1813

RICHTER, Chas. f1865
RICKARD, Jno. P. f1855
  Phil. J. fwl874
RICKART, Martin fwl858
RICKENBAUGH, Martin fwl801, fwl874
RICKET, Mary f1888
RIDDLE, Jno. wl845
RIDDLEMOSER, Wm. A. fwl881
RIDENOUR, Ad. f1821
  Ann f1837
  Arch. f1833
  Ben. fl840, f1852
  Chas. f1815
  Conrad wl803
  Dan. f1798, f1826, f1856
  Dan. B. f1881
  Dav. f1804, f1850
  Dorothy fwl840
  Eliz. f1828, f1884
  Eve fwl813
  Fredk. fwl825
  Geo. (2) fwl807
  Henry wl781, f1823, f1824
  Isaac fwl878
  Jac. fwl808, f1826, f1868
  Jno. f1797, f1829, f1848
  Jno. D. f1856
  Jon. fwl875
  Lydia A. f1839
  Martin f1795, fwl821, f1873
  Mary f1818, f1821
  Matthias fwl792
  Mich. f1856
  Nicholas f1823
  Nicholas Sr. nl 1789
  Sam. f1886
  Sarah fwl822, f1887
  Upton f1836
RIDING, Edmund H. f1874
RIDOUT, Editha wl889
  Sarah wl881
RIGHT, Chas. f1800
RIGHTER, Ant. f1836
RIGNEY, Terrence wl795
RILEY, H. Geo. f1831
  Miles fwl792
  Sarah fwl888
RINEHART, And. wl849
  Dav. f1836, f1882
  Jon. fwl872
  Sam. fwl889

Sam. H. fwl846, f1849
RINGER, Cath. fwl886
  Conrad wl798
  Elias f1872
  Eliz. f1865
  Jno. fwl853, f1869
  Jno. (of R.) fwl861
  Jos. f1857
  Juliana f1837
  Pet. fwl860
  Rob. fwl835
  Rob. W. f1858
RINGGOLD, Aar. f1865
  Ben. nl 1798
  Mary fwl805
  Sam. fwl829
  Tho. fwl818
RISLEY, Dan. f1832
RISSER, Jno. E. f1883
RITCHIE, Arch. fwl828
  Esther fwl809, f1831
  Jac. f1810
  Jno. f1807, f1817
  Pet. f1876
RITTER, Jac. fwl804
  Judith f1806
RITZ, Sol. fwl820, f1822
RIVER, Pet. f1792
RIZER, And. J. f1855
  Ben. F. f1855
  Geo. f1853
  Geo. W. f1855
  Mary E. f1855
ROB, Mich. fwl788
ROBERTS, Geo. E. Sr. f1839
ROBERTSON, Eliza J. fwl870
  Tho. G. fwl869
  Wm. f1849
ROBINET, Jer. f1853
ROBINSON, Jane fwl883
  Jno. W. f1852
  Jos. fwl797
ROBY, Isaac (2) fwl817, f1824
  Owen fwl800
  Susannah f1812
ROCKAFIELD, Eliz. f1841
  Jno. fwl837
ROCKWELL, Jno. f1858
  Sol. f1881
RODERICK, Ludwig fwl797
  Phil. f1854
RODGERS, Jno. W. f1875
RODRICK, Jac. f1815
ROGERS, Ann fwl886
  Bridget fwl887
ROHRBACK, Barb. f1855
  Ben. F. f1886

Elias B. fwl862
Henry fwl851
Jac. f1853
Jac. H. f1864
Jno. f1807, f1843,
   f1853, fwl853
Jno. H. f1833
Mary (2) f1853
Noah f1881
Su. f1854
Wm. fwl859
ROHRER, Amelia f1854
Barb. fwl844
Christian fwl805, f1813
Dav. f1842
Dav. S. f1884
Eliz. E. f1883
Fredk. fwl832, f1855
Isaac fwl873
Jac. fwl804, f1829
Jac. M. f1876, f1889
Jac. (of Jno.) f1868
Jac. Sr. f1822
Jno. f1781, f1814,
   fwl826, f1869
Jno. M. f1850
Jno. V. f1887
Jon. f1818
Jos. fwl885
Jos. F. f1873
Mahala f1848
Martha M. f1887
Martin fwl806
Mary f1878
Sam. wl788, f1829,
   fwl862
Su. f1870
Violetta A. f1886
Wm. H. wl875
ROLLINS, Emanuel f1859
ROMAN, Ben. F. f1863
   J. Dixon fwl867
   Jas. Dixon Jr. f1875,
      f1877
   Jos. fwl853
   Louisa M. f1878
   Sarah f1872
ROME, Henry f1797
RONSKULP, Ann Maria f1884
ROOF, Dav. wl889
ROOKE, Rich. fwl805
ROONEY, Martha fwl842
   Mich. f1838
ROOT, Barb. f1813
   Cath. fwl884
   Dan. f1872
   Eliz. fwl823, f1856

Jac. fwl805
Su. fwl879
ROOTS, Conrad wl874
ROPER, Jas. f1835
ROSE, Jon. fwl785
ROSS, Jas. fwl889
   Sam. f1833
ROTENBILLER, Ra. f1821, fwl822
ROTH, Jac. f1877
ROTROFF, Phil. f1815
ROUCH, Wm. fwl813
ROUGH, Barnabas f1821
   Henry f1800
   Pet. f1821
   Sarah f1830
ROULET, Wm. f1825
ROUR, Martin f1786
ROURKE, Dennis f1839
ROUSH, And. f1863
ROUSKULP, Sam. f1865
ROUTZAHN, Jas. fwl859
ROWE, Ant. f1823, f1855
   Chas. f1829
   Jac. fwl874
   Jno. H. f1872
   Rich. f1859
ROWLAND, Ab. fwl821
   And. f1868
   Ann fwl888
   Amos f1860
   Barb. f1865
   Ben. f1863
   Christian f1814, f1858
   Dan. f1859
   Dav. f1818, fwl818,
      f1821, f1837
   Eliz. fwl833, f1863
   Henry fwl833
   Isaac f1882
   Isaac B. fwl855
   Jac. wl794, fwl821
   Jno. fwl834, f1851,
      fwl853, fwl863
   Jno. F. f1889
   Jno. M. f1870
   Jno. S. fwl878
   Jonas fwl863
   Jonas J. f1885
   Jon. f1839, fwl853
   Nancy f1864
   Sam. f1850
   Su. fwl869
ROWLIUS, Ann f1827
RUBUSH, Jno. f1881
RUBSAMER, Jno. M. fwl858
RUCH(K), Chas. M. f1886
   Henry f1857

Jac. f1807
Mary J. f1886
RUDISEL, Dav. f1887
RUDISILL, Mich. fwl859, f1868
RUDOLPH, And. G. f1847
RUDY, Sam. f1867
   Washington, f1862
RUMBURGER, Mary Ann f1884
RUMMEL, Dav. M. f1874
   Martha f1874
RUSH, Dan. f1839, f1840
RUSSELL, Ben. fwl838
   Christiana f1881
   Jac. f1798, fwl837
   Jno. f1808, fwl871
   Marg. fwl817
   Ra. f1848
   Sarah fwl878
   Wm. f1806
   Wm. H. fwl883
RUTH, Anna Mary fwl884
RUTTER, Agnes wl782
   Edmond fwl779
RYAN, Pet. f1859
   Tim. fwl837, f1887
RYE, Henry f1843

SAGER, Charlotte fwl878
   Jac. fwl837
   Mary M. f1854
SAILOR, Pet. Jr. f1835
SAMPSON, Wm. f1836
SAMSEL, Jac. f1849
SANDMAN, Eliz. wl822
   Geo. f1832
   Jac. fwl820
SANGER, Israel fwl849
SANNER, Jas. f1852
SANTMAN, Jno. f1853
   Mary C. f1853
SAPP, Ab. f1851
   Sarah f1840 (N)
SARGIS, Fredk. M. f1888
SAUSE, Eliz. wl857
SAVAGE, Mary E. fwl875
SAVIN, Edw. f1854
   Sarah f1860
SAXON, Eliz. f1883
SAYLER, Mathias fwl785
SAYLOR, Cath. (2) f1837,
      f1842, f1854
   Jno. f1877
   Nancy f1839
   Pet. fwl836, f1842
SCARBERRY, Su. wl873
SCHECTER, Dan. f1824
SCHILDKNECHT, Ezra f1889

SCHINDEL, Barb. A. f1887
　　Cath. fw1869
　　Dav. fw1887
　　Jon. fw1884
　　Louisa S. f1866
　　Phil. f1854
　　Sally fw1883
　　Sam. fw1863
SCHINDHEIM, Nicholas fw1866
SCHLAGEL, Jac. f1881, fw1857
SCHLEIGH, Eliz. f1877
　　Henry fw1834
　　Jno. f1830
　　Sarah A. fw1877
SCHLEY, Mary H. fw1880
SCHLOSSER, Dav. fw1881
　　Elie f1844
　　Joel fw1879
　　Jno. f1862
　　Magdalena f1888
　　Martha fw1882
　　Mary fw1866
　　Sim. f1843
SCHMIDT, Jac. F. f1874
SCHMIDTT, Jno. f1878
SCHNEBL(E)Y, Cath. fw1835
　　Dan. f1843
　　Dan. H. fw1844, fw1858
　　Dav. f1842, fw1843
　　Henry fw1805, f1819
　　Henry Jr. f1787
　　Jac. f1831, f1858,
　　　　f1873
　　Jno. f1820, fw1833,
　　　　fw1838, fw1876
　　Leon. fw1767, fw1803
　　Mary fw1876
　　Pet. fw1836
　　Su. f1886
　　Susannah f1808, f1817
SCHNIDER, Mich. fw1812
SCHNIEDER, Jac. fw1880
SCHOLL, Eliz. fw1872
SCHOOP, Ab. fw1873
SCHRAMYER, Henry fw1889
SCHRIVER, Henry w1794, f1813,
　　　　fw1854, f1878
　　Su. f1870
SCHULL, Jac. f1814
SCHWEIGER, Jno. fw1808
SCHWINGER, And. fw1859
　　Cath. fw1884
　　Dan. fw1857
SCOTT, Eliz. f1842
　　Geo. f1809
　　Mary fw1845
SCRIBNER, Mary fw1833, f1867

SCYSTER, Mich. fw1783
SEAMAN, Wm. f1873
SEAVOLT, Dan. f1876
SECHRIST, Mary J. f1885
SZEL, Kunigundi fw1882
SCHNER, Amanda N. f1873
　　Fredk. f1857
　　Nath. f1880
SEIBERT, Cath. f1864
　　Henry f1834
　　Jac. f1810
　　Jno. f1795, f1842
　　Jno. (of Jno.) f1799
　　Jno. Sr. f1800
　　Jos. fw1889
　　Mary f1822
　　Mich. f1860, fw1885
　　Mich. Scott f1889
　　Nicholas fw1820
　　Pet. f1823, f1839
　　Rosa f1884
SEIDERS, Mich. fw1882
SEIGLER, And. f1835
SEITZ, Jno. fw1831
　　Salome fw1847, f1879
SELLERS, Geo. f1856
SEMLER, Gotleib fw1881
　　Jac. f1860
SENER, Ann, fw1864
SENGER, Dan. f1863
　　Magdalena f1879
SENSIL, Pet. w1827
SEWELL, Jac. f1877
SEYSTER, Dan. f1828
SHADRACK, Ann f1861
SHAEFER, Howard J. fw1883
SHAF(F)ER, Barb. fw1805
　　Dewalt w1787
　　Eliz. f1832
　　Geo. fw1796, f1807
　　Geo. H. f1885
　　Henry f1855
　　Henry I. f1839
　　Jac. fw1847
　　Jno. fw1845, f1853
　　Leon. f1832
　　Mary A. fw1887
　　Pet. f1794
　　Sol. f1815
SHAF(F)NER, Barb. f1834
　　Chas. f1846
　　Mathias f1826
SHAKTER, And. f1783
SHAME, Dan. f1825
SHANABARGER, Jac. f1871
SHANAFELT, And. f1823
　　Wm. fw1813

SHANE, Henry f1816
SHANEBARGER, Cath. fw1849
SHANER, Jno. f1855, f1856
SHANK, Ab. fw1883
　　Ad. f1872
　　And. fw1852
　　And. M. f1871
　　Barb. fw1883
　　Barb. A. wl883
　　Cath. f1881
　　Christian fw1855,
　　　　f1864, f1882
　　Christian B. f1861
　　Christian I. f1867
　　Dan. fw1874
　　Dan. L. f1865
　　Dav. fw1879
　　Eliz. f1849, w1875, w1879
　　Eve f1882
　　Fredk. f1863
　　Fr. f1863
　　Geo. fw1831
　　Hannah fw1881
　　Henry fw1827, f1850,
　　　　f1854, fw1859,
　　　　fw1875
　　Henry S. f1869
　　Jac. fw1848, f1856,
　　　　fw1861, fw1836
　　Jac. (of Pa.) f1875
　　Jno. f1821, f1829
　　Leah f1886, f1889
　　Lydia f1881
　　Magdalena f1822
　　Mary F. f1864
　　Mich. f1785, f1855
　　Tobias fw1888
SHARER, Cath. fw1828
　　Eliz. fw1823
　　Henry f1824, fw1868
　　Henry A. f1866
　　Jac. fw1808
　　Jno. f1783, fw1810
　　Mary Ann fw1825
SHARFF, Susannah f1866
SHARP, Nancy w1829
SHARPLESS, Isaac f1867
SHATZER, Jno. f1852
SHAVER, Jno. f1783
SHAW, Eliz. f1865
　　Jac. f1877
　　Levi R. fw1876, f1886
　　Matthew f1792
　　Tho. fw1853
SHAWIN, Grafton f1883
SHAY, Jno. fw1885
SHECHTER, Wintel fw1845

SKEELER, Jno. fwl843, wl843
SHEELEY, Fredk. fwl842
SHEELY, Fredk. G. wl861
    Pet. f1855
    Sam. Jr. f1862
SHEES, Pet. fwl788
SHEETS, Eliz. f1859
    Jac. f1841, f1849
    Jos. f1854
    Pet. f1814
SHEETZ, Henry f1831
SHEIRY, Gideon fwl856, f1857
SHEISS, Cath. fwl849
    Geo. f1842, f1845
    Oliver G. f1856
SHEITZ, Jos. f1853
SHELLEBERGER, Dav. f1827
SHELLER, Christian fwl872
    Dan. f1801
SHELLMAN, Jno. f1832
SHEMEL, Henry fwl841
SHENEBERGER, Pet. fwl837
SHENEFELT, Fredk. fwl783
    Henry f1813
SHENK, Jno. fwl818
SHEPHERD, Christian fwl826
    Dav. fwl864
    Jno. f1828
    Tho. fwl817, f1833
SHEPPARD, Christian fwl853
    Jno. fwl885
    Wm. fwl870
SHERIDAN, Pat. f1871
SHERRICK, Jos. f1871
    Jos. Sr. f1846
    Sarah f1874
SHERVIN, Tho. f1868
SHETZ, Martin fwl796
SHEWY, Jno. fwl811
SHIREY, Jac. C. f1863
SHIFFLER, Jno. Sr. fwl849
SHIFLER, Fredk. f1852
    Geo. fwl889
    Magdalena fwl850
    Nicholas fwl819, fwl849
    Sam. f1886
SHILLING, Cath. f1831
    Joaguin fwl859
    Phil. fwl829
SHINHAM, Geo. A. fwl884
SHIPLEY, Ad. f1792
    Rich. fwl787
    Rob. McK. f1835
SHIRKEY, Geo. f1806
SHIRLEY, Geo. f1828
    Jos. f1822
SHIVELY, Ad. f1830

Jos. f1837
SHIVES, Jac. D. fwl886
    Rob. fwl879, f1885
SHOAFF, Jas. f1835
SHOBERT, Henry fwl880
SHOCKEY, Ab. f1785
    Cath. f1857
    Christian f1863
    Dav. fwl876, f1886
    Elias fwl886
    Eliz. f1876
    Isaac Sr. wl844
    Jac. f1871
    Jos. fwl886
    Sol. f1871
    Su. fwl879, fwl886
SHOEMAKER, Jno. fwl841
    Mary fwl874
    Mich. f1842
SHONG, Dan. f1804
SHOOK, Jac. fwl883
    Pet. f1804
SHOOP, Ad. (2) fwl821, fwl873
    Jac. fwl802, fwl877
    Jno. f1818, f1864
    Jon. f1886
SHOOSTER, Martin fwl805
SHORT, Jane f1806, f1807
    Wm. f1850
SHORTER, Cath. fwl882
SHOTT, Phil. f1778
SHOW, Jac. W. f1860
    Sam. f1888
SHOWMAN, Cath. f1863
    Dav. f1858
    Fr. f1866
    Geo. f1815, f1825, f1832
    Jno. wl803, f1822
    Jno. B. fwl833
    Josiah f1878
    Keziah fwl864
    M.S. f1852
    Mary M. fwl823
    Otho fwl877
    Pet. fwl857
    Raleigh f1863
    Sarah (2) f1852
    Upton f1858
SHRADER, Arvine fwl883
    Caroline C. f1838
    Henry fwl824, f1862
    Lazarus fwl871
    Sarah fwl862
SHRAVES, Jos. fwl840
SHRIVER, Dan. f1854
    Levi f1858

Mary f1843
    Sam. f1857
SHRODER, Henry fwl822
SHRYOCK, Geo. fwl872
    Jac. f1791
    Leon. f1782
SHULL, Dan. f1870
    Geo. fwl837, fwl865
SHULTZ, Anna fwl865
    Geo. fwl789
    Jno. fwl841
SHUMAKER, Jon. f1875
SHUMAN, Christianna f1837
    Sam. f1823
    Tho. fwl824
SHUPP, Eliz. f1884
SHUSTER, Barb. fwl850
    Rob. fwl888
SHUTT, Geo. W. f1836
SIGLER, Geo. f1875
    Geo. B. f1856
SILER, Dan. f1805
SILVERS, Absolem wl842
    Edw. f1837
    Geo. f1826
    Sam. f1847
SIMLER, Conrad fwl874
SIMMONS, Fredk. Bryan f1874
    Jac. f1788
    Jon. fwl804, f1842
    Violetta f1879
SIMON, Jno. f1788
SIMONS, Thdr. f1870
SIMPKINS, Wm. fwl831
SIMUS, Tho. f nd bef. 1799
SINGISER, Jos. H. f1871
SITES, Jno. H. f1874
SITZLER, Geo. fwl846
SKELLY, Jno. fwl850
SLAGEL, Dan. f1861
    Jac. f1846
    Jno. f1872
SLAUGHTER, Dan. fwl878
SLAVIN, Mich. f1826
SLEIGH, Sam. f1806
SLICE, Pet. f1840
SLICK, Jas. f1845
SLIFER, Eliz. f1864
    Ezra f1831
    Jon. f1880
    Lydia f1871
    Stephen fwl806
SLIMMER, Pet. f1806
SLOAN, Elleanor fwl825
SLOSHER, Pet. f1804
SLUSER, Pet. f1792
SLUSSMAN, Geo. f1832

SMALL, Chas. Dan. f1870
  Harry D. fwl885
  Jas. A. f1868
  Jno. f1841, fwl853
  M.R. f1865
  Pet. B. fwl881, f1884
  Reuben fwl881
SMALLENBERGER, Fr. f1806
SMELTZER, Geo. C. f1806
  Valentine fwl777
SMITH, Ab. fwl804, f1876,
    f1887
  Abijah fwl878
  Ann f1835
  Ann M. fwl883
  Barb. A. f1881, fwl882,
    f1888
  Cath. f1847
  Dan. fwl820, fwl833,
    f1868, fwl878,
    f1879, f1883
  Dav. fwl869, f1871,
    f1888
  Edw. f1826
  Eliza f1877
  Eliz. fwl855, f1857,
    fwl862
  Eliz. G. fwl875
  Ephraim fwl857
  Pietta f1886
  Prisby R. f1862
  Geo. fwl792, f1823,
    fwl834, f1863,
    f1868
  Geo. F. f1879
  Geo. W. f1865
  Geo. W. Sr. fwl874
  Henry R. f1887
  Hzk. f1822
  Isaac f1862
  Israel fwl885
  Jac. f1802, f1825,
    fwl819, f1850,
    f1886
  Jac. E. fwl883
  Jac. S. f1833
  Jas. f1867
  Jeannette f1873
  Jno. fwl778, fwl822,
    f1823, f1833,
    fwl837, f1840,
    f1863
  Jno. H. fwl884
  Jno. L. fwl889
  Jno. M. f1819
  Jon. f1875
  Jos. fwl810, fwl827,
    fwl829, f1843,
    f1845, fwl869,
    f1879
  Jos. T. f1869
  Joshua f1835
  Josiah F. f1883
  Julian f1852
  Letitia C. f1868
  Lewis Cass f1886
  Lewis H. fwl879
  Marg. f1887.
  Maria f1824
  Maria E. f1851
  Martin f1823
  Mary f1835, f1867,
    f1884
  Mathais wl832
  Mich. fwl852
  Myra G. f1884
  Nicholas fwl804
  Otho J. fwl868
  Pet. fwl855, fwl863
  Rob. fwl818, fwl863
  Sam. f1884
  Sam. H. f1865
  Sarah fwl885
  Sol. f1856
  Sophia f1859, fwl868
  Sophia N. wl880
  Tho. E. f1887
  Wm. fwl852, f1883
  Wm. R. fwl852, f1884
  Wm. S. f1833
  Yost fwl826
  Zebina f1826, f1833
SMOOT, Matilda fwl844, f1845
SMYSER, Mathais fwl780
SNAVELY, Ad. (2) fwl846
  Casper fwl839
  Cath. fwl847
  Conrad fwl804
  Eliz. fwl863
  Jac. f1814, fwl846,
    f1846
  Jac. C. fwl862
  Jno. f1813, fwl888
SNEAR(L)Y, Eliz. C. fwl886
  Jno. f1828
  Jno. R. fwl879
SNECKENBERGER, Eliza fwl861
  Jno. f1864
SNELL, Geo. fwl856
  Phil. fwl789
SNIDER See Snyder
SNIDER, Geo. fwl872
  Jac. f1819
SNIVELY, Cath. f1889
Elias f1886
Ellen wl868
Ellenora fwl888
Geo. f1829
Jac. fwl803
Jno. fwl792
Jno. L. f1888
Jos. f1872
Mary Ann f1828
Morgan f1847
Su. N. fwl879
SNYDER, Ab. fwl786, f1853
  And. f1824
  Ann M.C. f1888
  Ant. fwl847
  Ant. Jr. f1839
  Ben. f1849
  Ben. F. f1886
  Casper fwl797
  Cath. f1825, f1887,
    f1877
  Christian fwl873
  Christianna fwl792
  Conrad f1786
  Dan. fwl786, f1829
  Dan. F. f1870
  Dav. f1820, f1832,
    fwl845
  Elias A. f1849
  Eliza fwl886
  Eliz. f1851
  Emmanuel f1886
  Ezra J. f1888
  Geo. f1822, f1833,
    f1842
  Geo. M. f1873
  Geo. N. fwl875
  Hannah wl869
  Henry fwl805, f1807,
    fwl809, f1832,
    fwl867
  J. Miller f1874
  Jac. fwl829, fwl843
  Jac. C. f1840, fwl869
  Jac. H. f1888
  Jac. S. f1864
  Jac. Sr. f1829
  Jno. fwl791, fwl802,
    (2) f1828, f1832,
    fwl864, fwl886
  Jos. H. fwl885
  Leon. f1832
  Marg. fwl808, fwl826,
    f1871
  Maria f1841
  Martha A. f1864
  Martin f1813, fwl828,

fwl881
Martin T. fwl881
Mary fwl861, fwl867,
  fwl868
Oliver H. fwl887
Pet. fwl814
Phil. f1852, f1863
Rebecca fwl853, f1882
Ruann M. fwl887
Sim. P. fwl881
Su. fwl884
Su. E. fwl887
Wm. fwl855, fwl887
SNOTTERLEY, Su. f1847
SNOW, Jas. fwl851
SNOWDEN, Jno. f1842
SOCKS, Pet. f1878
SOHN, Mary wl866
SOLLMES, Henry wl800
SOMMER, Henrietta fwl887
  Jno. fwl885
SOSEY, Ab. R. f1864
  Denton f1883
  Jno. f1879
  Martha A. f1882
SOUDERS, Marg. f1857
SOUTH, Barb. wl854
  Ben. f1808, f1888
  Ben. (of G.) fwl866,
    f1889
  Dan. f1858
  Dav. (of G.) fwl887
  Eliz. fwl834
  Geo. f1855
  Jos. f1797, f1863
  Marg. fwl888
  Sarah fwl869
  Wm. f1879
SOWDERS, Jno. f1846
SOWERS, Elie f1857
  Fredk. f1840
SPANGLER, Geo. f1875
  Jno. bet. 1792-1793
  Jno. F. f1864
  Mathias fwl781
SPEACE, Dan. fwl812
  Marg. f1818
SPEAKER, Henry f1842
  Herman f1876
SPEAIMAN, Cath. f1835
SPEAR, Jac. f1843
SPECK, Ann fwl858
  Isabella fwl878
  Martin f1852, f1879
SPEELMAN (Spielman, Speilman)
SPEEIMAN, Amelia f1885
  Barb. f1887

Dav. f1834
Eliza f1875
Hiram W. f1888
Jac. f1818, fwl835,
  fwl847
Jno. f1821, fwl852,
  fwl885
Jno. (of J.) f1850
Mich. fwl812
Su. A. fwl889
Wm. H. fwl889
SPENCE, Sally f1858
SPEROW, Wm. fwl888
SPESART, Mich. fwl825
SPESSARD, Christina f1831
  Claggett f1853
  Dan. f1885
  Jno. fwl878
  Jno. Jr. f1879
  Pet. fwl844
  Rebecca f1886
SPICKLER, Eliz. f1834, f1847
  Jac. f1841, f1881
  Jno. f1840
  Malinda f1888
  Martin f1834, f1846
  Sam. f1830, fwl838,
    f1858
SPIGLER, Nicholas fwl819
SPONG, Dav. f1869
  Mathais fwl846
  Mathais Jr. f1829
  Sarah fwl837
SPONSELLAR, Christiana E. f1887
SPRECH(K)ER, Cath. f1853
  Dan. fwl876
  Dav. f1872
  Elias fwl881
  Eliza A. f1879
  Geo. fwl870
  Geo. M. f1884
  Jac. f1873
  Jno. D. f1875
  Martin L. f1880
  Nelson L. f1889
  Phil. fwl844
  Sam. f1861
SPRIGG, Otho f1811
  Tho. f1809
  Wm. O. f1839
SPRINGER, Dav. fwl864
  Jno. f1868
  Mathias fwl804
STAHL, Christianna fwl879
  Dav. f1882
  Jac. f1831, f1845
  Mary fwl860

Mary Ann fwl882
Mich. fwl822, f1844
STARTZMAN, Ann f1873
  Christian f1880
  Dan. fwl888
  Dan. (of M.) f1863
  Dav. f1854
  Eve f1825
  Henry fwl811, f1835
  Martin f1835
  Pet. fwl836
  Su. fwl874
STAUBS, Geo. f1874
  Jac. f1883
STAUNTON, Eliz. fwl849
STECK, Martin wl818
STEEL, Sam. f1861
STEELE, Dav. f1852, f1856
  Tim. fwl799
STEFFY (Stefey, Steffey)
STEFFY, And. f1800, f1829
  Cath. f1830
  Dav. f1828
  Eliz. f1808
  Emory E. f1854
  Jno. L. f1888
STEIGER, Conrad f1804
STEIN, Henry f1813
STEMLER, Mary fwl884
STEMM, Harriet wl885
STEMPLE, Christian fwl823
  Maria M. fwl827
STEPHAN, Geo. f1804
STEPHEN, Geo. W. fwl885
  Leon. fwl778
  Lenora wl889
STEPHENS, Dav. f1819
  Sam. M. f1889
  Septimus f1855
STEPHENSON, Jas. f1816
STEPHEY, Ann Maria f1855
  Anna M. f1864
  Dan. fwl852
  Eliz. f1832
  Isaac f1835
  J. Dav. f1864
  Mary A. f1844
  Nicholas f1834
  Pet. f1863
  Sam. f1865
  Sarah Ann f1853
STERLING, Ab. f1846
STERN, Chas. P. f1834
STERRET, Jas. fwl789
STERRITT, Ra. fwl852
STEVENSON, Jos. fwl873
STEWART, Jac. f1855

Jer. f1849
Su. fwl074
Susannah fwl842
Wm. fwl829, f1852,
    fwl887
Wm. Barton f1876
STEWTER, Mary f1810
    Phil. I. fwl805
STICKEL, Wm. fwl881
STIDINGER, Fredk. wl791
    Magdalena f1803
STIFLER, Geo. fwl855
STIFFLER, Cath. f1880
    Cornelius f1834, f1838
    Sarah f1870
STIGERS, Abner H. f1881
    Amos C. f1881
STINE, Barnhart f1839
    Emma J. f1886
    Geo. fwl816, f1846,
        fwl871
    Harmon f1862
    Jno. f1869, f1874
    Josiah f1881
    Marg. fwl830
    Mathias f1828
    Nicholas f1878
STINEMETZ, Henry f1859
    Marg. wl883
STIRLING, Sam. f1865
STIVER, Fredk. f1856
STOCK, Cath. fwl864
STOCKSLAGER, Ann. R. f1885
    Cath. f1879
    Geo. H. f1879
    Henry fwl828
    Jac. f1867
    Jno. fwl863, fwl875
    Jno. C. f1830
    Pet. fwl861
    Rebecca fwl885
    Sciati H. f1873
STOLTZ, Henry fwl828
STONE, Ad. fwl792
    Ben. wl878
    Ezra f1872
    Marg. wl795
    Wm. Henry wl888
STONEBRAKER, Caroline V. f1879,
        f1889
    Christian f1865
    Eliz. S. fwl889
    Geo. E. f1853
    Girard fwl813, fwl855
    Jane f1866
    Jno. fwl848
    Jno. Jr. f1850

Jos. fwl865
Mich. fwl815, f1826
Nancy f1873
Sam. A. f1880
Sam. B. f1862
Sam. S. fwl885, f1889
STONER, Ben. fwl886
    Jac. f1852
    Jno. f1806, f1882
    Martin wl857
    Mary fwl889
STONESIFER, Dan. fwl834
    Jno. fwl881
STONG, Jno. fwl793
STOOPS, Nicholas fwl804
STOPP, Sarah f1868
STOPS, Jac. fwl862
STORKWELL, Fr. f1844
STORM, Geo. fwl803
    Phil. fwl885
STOTLER, Ben. fwl842
STOTTLEMYER, Dav. f1876
    Eliz. fwl846, fwl880
    Henry fwl837
    Jno. H. f1860
    Jno. P. fwl874
    Nancy fwl883
    Pet. fwl835
    Ulrick wl797
STOUCH, Sam. f1840
STOUFFER, Ab. fwl857
    Ab. N. f1882
    Ab. (of C.) fwl869
    Ab. P. fwl874
    Ben. (2) f1885
    Christian fwl851,
        f1873,
        f1889
    Christianna f1843
    Dan. W. fwl874
    Dav. fwl855
    Elias f1887
    Eliza f1885
    Eliz. fwl847, fwl886
    Geo. f1823
    Geo. W. f1879
    Jac. f1869, fwl882
    Jno. fwl836, wl889
    Jno. W. fwl877
    Jno. Riddle f1889
    Jon. W. f1862
    Martha f1885
    Mary f1863
    Nancy fwl879
    Pet. f1880
    Rebecca f1877
    Sam. C. fwl885, f1886

Sarah E. fwl885
Sol. f1877
STOUT, Geo. fwl807
STOVER, Christian f1829
    Dav. f1851
    Fredk. fwl864
    Fredk. Jr. f1873
    Jac. fwl810, fwl822
    Jno. f1825, f1837
    Magdalena f1872
    Mich. f1796
STRAUSE, Henry fwl819
    Mary E. fwl882
STRICKLER, Jac. f1823
STRIGHT, Leon. fwl782
STRITE, Ab. fwl863
    Christian fwl862,
        f1888
    Dan. f1879
    Eliz. f1844
    Eliz. (wd/o Ab.)
        fwl879
    Eliz. (wd/o Jno.)
        fwl867
    Eliz. (wd/o Jos.)
        f1884
    Henry Clinton f1883
    Jno. f1840, f1854,
        fwl870
    Jos. fwl858, f1859
    Nancy f1860
STROCK, Barb. fwl867
    Mich. f1837
    Yost f1863
STRODE, Wm. f1823
STROH, Christian f1855
STROHL, Phil. fwl838
STROME, Henry f1798
STROUP, Geo. fwl796
STUCKEY, Pet. fwl784
    Sim. fwl786
STUDEBECKER, Sol. f1835
STULL, Dan. fwl749, (2) fwl811
    Isaac wl791
    Jac. fwl788
    Jno. fwl791
STULTZ, Henry fwl817
    Pet. f1832
STUMBAUGH, Phil. f1800
STUMP, Jno. fwl880
STURR, Su. M. f1886
    Tho. fwl858, f1886
SUEL, Araminta fwl877
SULLIVAN, Jno. f1833
SUMAN, Eliz. C. f1888
    Jno. f1867
    Wm. f1862

SUMMER, Ann f1860
   Ella E. wl882
   Jno. fwl802, fwl859
   Magdalena fwl880
   Sarah fwl881
SUMMERS, And. fwl851
   Cath. fwl879
   Dav. V. f1878
   Eliz. f1853
   Geo. D. f1863
   Israel f1834
   Jac. f1824, fwl838, f1853, fwl886
   Jac. M. f1860
   Leah f1863
   Martin L. fwl864
   Nath. f1855
   Patience fwl856
   Paul f1846, f1857
   Sam. f1847
   Sarah f1847
SURNEY, Sam. f1809
SUTER, Pet. Sr. f1848
SUTTON, Nat. f1849
SWAIN, Mary fwl857
SWARTZ, Geo. F.P. f1847, f1848
   Jno. fwl884
SWARTZWILDER, Jno. fwl844
   Pet. f1875, fwl875
SHEARINGER, Benoni fwl798
   Chas. fwl818
   Isaac S. fwl833
   Jno. V. fwl849
   Susannah fwl820
   Van Sr. fwl787
SWEIGER, Mary f1809
SWEITZER, E.B.C. f1865
   Geo. f1833
   Henry f1832, wl852, wl882
   Mary f1849
SWINGLE, Nicholas fwl785, nl 1786
SWINGLEY, Barb. fwl805
   Eliz. fwl824
   Jno. f1822
   Phil. fwl802
   Ruth fwl875
SWISHER, Grafton fwl889
SWOOPE, Barnard fwl841
   Cath. fwl832
   Marg. fwl867
SWOPE, Caspar wl887
   Cath. fwl843, f1887
   Elijah fwl881
   Jac. fwl823, fwl882
   Jno. fwl824

Mich. f1864
Pet. f1811
Tho. f1875
SWORD, Cath. f1884
   Jno. f1836, f1860
   Mary f1871
   Pet. fwl848
SYESTER, Lewis f1852

TALBERT, Alex. (2) f1845
   Unice f1837
TANEY, A. Brook f1865
   Ethelbert fwl863
TANNER, Mich. f1832
   Rudolph fwl835
TARLETON, Marg. f1846
   Stephen fwl840
TASKER, Fr. f1882, f1887
   Julius f1867
TAYLOR, Barb. wl805
   Griffin f1822
   Ignatius fwl807
   Jas. f1863
   Jno. fwl846
   Mich. f1805, (2) f1812
   Sophia fwl869 (N)
TEARNEY, Jno. f1844
TEFERN, Fredk. fwl778
TEISHER, Jac. f1886, fwl887
   Pet. fwl789
TENLEY, Tho. f1845
TERRY, Rob. f1852
TESTERICK, Pet. f1777
THOMAS, Ab. f1838
   Annie C. f1869
   Christian f1862, fwl880
   Conrad fwl836
   Dan. fwl861
   Dav. f1858
   Eleanor fwl848
   Eliz. fwl853, fwl871
   Fr. B. f1860
   Gabriel f1823
   Geo. fwl835, f1856, f1857
   Geo. V. f1860, f1862
   Gideon fwl878, f1885
   Henry f1880
   Jac. fwl811
   Jac. A. fwl883
   Jas. A. f1888 (N)
   Jane fwl852
   Jer. f1800
   Joel fwl881
   Jno. wl796, fwl802, f1854

Kelly f1848
Lloyd f1876
Marg. f1846
Mary fwl880
Mich. wl784, f1834, fwl861, f1872
Nancy fwl878
Pet. f1804, f1832
Sam. f1824
Sarah f1882
Su. f1854, fwl869, f1871
Valentine f1827
THOMPSON, Ann f1844
   Conrad fwl873
   Isaac f1852
   Mary f1876
   Sam. wl787
   Sarah fwl853
   Victor fwl860
   Wm. C. fwl830
THOMSON, Fannie fwl876
   Victor f1880
THORNBURG, Marg. wl870
THORP, Brittany fwl852
THRALL, Jos. f1808
THRALLS, Rich. fwl798
THUM, Ann fwl835
THUMB, Baltzer f1810
TICE, Dav. f1847
   Eliz. f1843
   Emanuel f1866
   Geo. f1823
   Henry fwl806, fwl826
   Henry K. fwl887
   Jac. Jr. f1829
   Jno. f1833, fwl868
   Mary fwl841
   Mich. f1807
   Nancy f1882
   Otho H. f1868
   Pet. f1800
   Sam. fwl861
   Sarah G. f1868
   Su. f1823
   Tho. f1845
   Wm. M. f1875
TIERNEY, Jno. f1855
TIDBALL, Eleanor fwl844
TILGHMAN, Prisby fwl847, fwl853
   Frisby Sr. f1862
   Geo. f1831
TISHER, Jno. f1820
TITLOW, Jno. f1876
TOLBERT, Willison fwl832
TOM, Cath. f1842

Geo. f1823
Henry fwl829
TOMS, Ben. f1855
   Eliz. fwl871
   Jac. S. fwl879
   Joshua fwl888
   Maria f1826
   Mary A. fwl888
   Nath. f1881
TONKERY, Dan. f1807
TOSTON, Jno. f1881
TOULSON, Wm. f1830
TOWLSON, Jas. f1822
TOWSON, Jac. T. fwl841
   Wm. f1869
TOYER, Eliz. f1877
TRACY, Jno. C. fwl863, f1864
TRESSLER, Jno. f1796
TRITCH, Henry fwl850
   Jno. J. fwl873
TRITLE, Dan. M. f1870
   Jac. f1851
TROPP, Christian fwl802, f1842
TROUP, Ad. fwl786, f1840, f1870
   Dav. fwl817, fwl886
   Eliz. f1877
   Henry f1828
   Jac. Sr. fwl845
   Jno. f1844, f1888
   Jno. D. fwl835
   Jno. T. fwl880
   Jos. f1842
   Joshua J. f1885
   Louisa fwl888
   Mary E. fwl853
   Sam. f1862
   Su. f1869
TROUTMAN, Cath. fwl843
   Wm. Sr. fwl881
TROVINGER, Christian fwl821
   Dan. f1833
   Jno. f1882
   Jos. fwl851, f1865
TROXELL, Ab. fwl786
   Ann R. fwl873
   Dav. f1848
   Emanuel f1876
   Fannie S. f1869
   Geo. fwl783
   Mary f1848
TRUMAN, Eliz. fwl874, wl874
   Geo. f1881
   Jarrett fwl877
   Jno. f1855
   Mathias fwl852, f1874
   Marg. Ann fwl858
   Nath. f1881

TRUMPOWER, Geo. W. f1868
   Leon. fwl879
   Sol. f1879
TSCHUDY, Mary fwl858
TSUEDY, Ann fwl781
TUCKERMAN, Tho. f1831
TURNER, Cath. S. f1825
   Edmond H. f1822
   Henry f1872
   Jon. f1818, f1839
TUTWILER, Ellen, f1851
   Eve fwl851
   Findlay f1851
   Henry fwl793
   Jac. fwl828
   Jno. f1834
   Jon. f1819, f1851
TWIGG, Jno. f1778
TWINE, Levi A. f1889
TYSHER, Jno. f1822, f1836
   Mary f1822
TYSON, Ben. f1812

UHLER, Eliz. fwl878
ULLEM, Warner W. f1864
ULLUM, And. f1886
ULRICK, Chas. fwl879
   Jno. Chas. fwl848
UNGER, Eliz. f1889
   Fredk. fwl886
   Fredk. E. fwl835
   Jos. f1861
   Mary f1859
UNSELD, Ann L. fwl884
   Chas. F. f1881
   Jno. C. f1880
UPDEGRAFF, Pet. fwl837
   Sam. f1828

VALENTINE, Geo. W. f1886
VANBUSKIRK, Dan. f1814
   Isaac fwl783
   Jno. fwl829
VANDEREAU, Jac. f1839
VANDIVER, Jno. fwl760
VAN LEAR, Jno. fwl857
   Jos. f1840
   Jos. T. fwl859
   Mary fwl828
   Matthew fwl823
   Matthew Sr. (2) fwl816
   Sam. S. f1837
   Sarah L. wl820
   Tho. F. f1828
   Wm. f1815, (2) f1823,
     f1837
   Wm. H. f1820

VAN POOL, Geo. f1836
VARNER, Dan. f1829
   Marg. (2) f1814
VERNON, Pat. f1851
VERVIL, Jno. fwl809
   Pet. f1823
VICE, Henry, See Wise, Henry
VOGEL, Jno. Ad. fwl884
VOLTZ, Eliz. fwl814
VONASEN, Henry f1803, f1806
VOTTLER, Jac. f1847

WACHTEL, Eliz. fwl825
   Jac. fwl826
   Jno. fwl810, f1833
   Valentine f1857, f1859
WADE, Augustine f1791
   Henry f1889, f1848,
     f1866
   Hzk. f1839
   Jno. f1824, fwl824,
     f1864
   Jno. A. f1866
   Lancelot fwl817
   Martha H. fwl819
   Nancy f1884
   Sol. f1855, f1872
   Wm. B. fwl866
WAGNER, Hyatt S. f1885
   Leon. f1880
   Tho. Calvin f1877
   Wm. fwl882
WAGONER, Henry f1847
   Jno. fwl831, fwl837
   Jno. A. f1850
   Phil. fwl787
   Snavely fwl878
WALEY, Ben. f1853
WALKER, Geo. f1807
   Geo. W. (2) f1878
   Jno. M. f1834
   Jos. J. f1871
   Wm. W. fwl889
WALLACK, Jno. fwl881
WALLER, Henry fwl859
WALLICK, Geo. f1806
   Sam. f1849
WALLING, Jas. fwl811, f1823,
     f1825
WALLIS, Martin fwl779
WALTER, Anselm fwl874
   Wm. f1853
WALTERS, Jennette wl883
WALTZ, And. f1850
   Ann M.C. fwl884
   Christianna wl833
   Dan. fwl887

Jac. fwl846, fwl881
Jno. f1875
Martin fwl873
Su. Ann fwl875, f1883
WAMPLER, Jer. fwl859
WANDER, Henry f1785
WANTZ, Dan. f1852
Jno. fwl871, f1873
WARBEL, Dav. f1883
WARD, Jas. f1864
Jno. f1825
WARE, Henry f1821
WAREHAM, Sarah F. f1872
WARFIELD, Dennis fwl833
Geo. W. f1887
WARNER, Geo. f1885
Jac. fwl838
Jno. fwl837, wl878
Marg. fwl881
WARRELL, Henry f1854
WARRENFELTZ, Otho J. f1883
Sol. f1863
WASHABAUGH, Dilman fwl780
WASHINGTON, Anna Dorsey wl875,
                                  fwl875
    Elias fwl867
    Jno. f1855
    Luther f1872
    Marg. fwl840
    Ruann f1867
WASON, Jas. f1867, f1870
    Mary A. f1867
    Rob. fwl856
WATERS, Jos. f1780
    Seth f1835
WATKINS, Ellen A. f1846
    Edgar A. f1849
    Horatio f1838
    Jas. fwl855
    R.W. fwl845
    Rich. f1849
    Sarah fwl876
    Tho. W. f1849
WATSON, Ada N. f1885
    Harriet f1839
    Jno. D. fwl842
    Lewis f1869
    Mary A. fwl853
    Rich. f1820
WATT, Jno. fwl815
WATTS, Barton f1828
    Lydia A. fwl882
    Tho. f1829
WAUGH, Arch. M. fwl823
    Marg. f1887
WEAGLEY, Geo. A. f1863
    Sam. f1864

Sam. C. fwl861
Wm. f1872
WEAST, Eliz. f1838
    Henry fwl880
    Jos. f1843
    Leon. fwl828
    Su. wl881
WEAVER, Ad. (2) fwl845
    Casper W. f1861
    Jno. f1819
    Lewis f1846
    Mich. wl876
    Sam. f1839
WEBB, Edw. f1818
    Ellenora wl820
    Floyd M. f1864
    Jno. fwl794, f1806,
        f1807, f1817
    Marg. wl794, f1833
    Sam. fwl823, f1833
    Wm. f1807
    Wm. C. fwl849, f1851
WEBER, Sam. f1872
WECKHART, Melcher fwl814
WECKLER, Fredk. f1871
    Su. fwl884
WEDDEL, Eliz. fwl882
WEDDELL, Abram f1885
WEIGHTMAN, And. fwl862
WEILLS, Geo. W. fwl868
WEIMER, Salome fwl799
WEISEL, Jac. fwl812
    Mary f1846
    Sam. fwl872
WEISELL, Dan. fwl825
WEIT, Jac. fwl876, f1878
WELCK, Jno. fwl871
    Julia A. f1869
WELLER, Ad. f1823, fwl852,
        fwl854, f1868
    Barnabas f1857
    Cath. f1878
    Christianna fwl865
    Jac. fwl866
    Jac. P. wl877
    Jno. f1866
    Jon. fwl858
    Tho. f1834
    Tho. P. fwl875
WELLESLEY, Mary Ann wl857
WELLS, Jer. fwl804
    Rezin f1813
    Tho. L. f1835
WELSH, Ben. f1881
    Chas. f1862
    Jno. f1800
    Marg. f1886

Rich. fwl863
WELTY, Amelia f1881
    Ann Rebecca f1886,
        f1887
    Christian f1796
    Dan. f1842, f1852,
        f1856
    Dan. H. f1856
    Dav. f1873
    Eliz. wl824, fwl869
    Fredk. f1814
    Henry fwl816, f1824
    Henry C. fwl850
    Henry H. f1859
    Henry S. f1888
    Jac. f1809, f1834
    Jno. f1838, fwl844,
        fwl880
    Jno. B. fwl841, f1854
    Jno. H. f1860
    Jno. Sr. wl800
    Mich. f1889
    Sam. f1850, f1873
    Susannah fwl871
WENRICH, Wm. f1841
WENGLING, Jno. fwl822
WEST, Chas. fwl880
    Dan. B. f1872
    Dav. f1814, fwl815
    Jno. fwl823
WESTEBARGER, Paul fwl787
WESTEBERGER, Dav. f1821
    Jno. f1818, f1821
    Sam. (2) f1839
    Susannah f1839
WESTENBERGER, Dan. f1847
    Eliz. f1846
WESTENHANS, Harmon f1851
WHEELER, Lavinia fwl884
WHERRITT, Geo. fwl844, f1875
WHETNIGHT, Phil. f1815
WHETSTONE, Conrad f1779
    Pet. fwl778
WHITE, Jno. wl759
    Marg. f1804
    Pet. fwl785
WHITEFORD, Wm. f1834
WHITEMAN, Eliz. fwl852
    Jac. fwl808, f1835
WHITMORE, Christian f1778
WHITTER, Amanda f1882
WHOMELDORFF, Jno. wl840
WIANT, Eliz. fwl862
WIART, Jos. fwl786
WICKLER, Wm. N. f1837
WIKE, Jno. fwl852
WILCOX, Jno. f1789

WILES, Fredk. f1797
  Jno. f1692
  Melissa fwl878
  Ra. f1884
  Wm. fwl797
WILKINS, Tho. f1841
WILKINSON, Dan. f1847
WILLIAMS, Ann M. f1870, f1871
  Conrad f1836
  Edw. G. wl829
  Elie f1888, f1889
  Eliza E. f1863
  Hzk. fwl871
  Hillary f1839
  Jas. F. fwl844
  Jno. fwl843
  Kersley f1856
  Lavinia f1875
  Marion f1856
  Mary C. f1851
  Mary E. f1871
  Nat. f1884 (N)
  O.H. f1858
  Otho fwl869, f1871
  Phineas fwl850
  Prince fwl843, f1868
  Sam. fwl883, fwl871
  Tho. f1810, f1826
  Wm. fwl824
WILLIARD, Dan. f1846
  Sarah E. f1848
WILLIS, And. f1824
  Edw. f1826
WILMS, Fredk. C.B. fwl885
WILSON, Chas. f1856
  Dan. W. f1880, f1881
  Ellenor f1863
  Hannah f1833
  Henry f1805
  Henry B. f1883
  Isaac f1824, fwl825
  Jas. f1833
  Jno. G. f1873
  Joshua fwl881
  Louisa f1840
  Ra. fwl814, f1828
  Rob. f1849
  Rufus H. f1883
  Walter fwl778
WILTER, Ben. f1840
WIMAR, Jac. wl790
WINDELL, Harrison f1877
WINDER, Ann f1815
  Jac. f1863
WINDERS, Dan. fwl795
  Jas. wl789
  Jane f1876

Jno. f1828
  Sam. f1858, f1874
WINEBRENNER, Christian fwl816, f1822
  Jac. f1820
  Mary A. fwl822
WINEGARTNER, Phil. f1851
WINGERT, Eliz. f1833
  Phil. fwl861
WINKFIELD, Susannah fwl878
WINTER, Christian fwl858
  Eliz. f1850, f1887
  Geo. fwl798
  Henry (2) fwl874
  Jac. fwl877
  Jno. f1854
  Wm. f1813
WINTERS, And. fwl848
  Dan. fwl850
  Dav. fwl889
  Dav. B. f1884
  Eliz. fwl855
  Jno. fwl835, fwl870
  Jno. D. f1868
  Jos. (2) fwl885
  Jos. A. f1888
  Sarah fwl830
  Susanna f1828
WISE, Christian K. f1885
  Henry f1789, f1814, f1864
  Jac. f1860
  Jno. fwl833, f1865
  Jno. G. f1804
  Rich. fwl887
  Wm. fwl846
  Wm. H. f1870
WISEMAN, Geo. f1798
WITMER, And. S. f1869
  Ann f1860
  Ben. fwl879
  Christian f1807, f1814
  Dan. f1819, f1823
  Dav. fwl862
  Eliz. fwl829
  Henry f1829
  Henry B. f1852
  Jac. fwl856
  Jno. f1858, fwl872
  Jno. Jr. f1847
  Nancy fwl857, fwl876
  Rosanna f1864
WITMOYER, Geo. fwl799
WITTER, Cath. f1851
  Jac. fwl832, f1863
WITZENBACKER, Wm. fwl886

WORRSTER, Christina f1835
WOESSNER, Jac. fwl885
WOLGOMOT, Mary fwl814
  Mary A. fwl876
WOLGOMOTE, Jno. f1833, fwl840
  Joshua f1840
WOLGOMOTH, Sam. fwl789
WOLF, And. f1824
  Cath. f1877
  Conrad f1843
  Dan. f1807
  Dav. f1846, f1885
  Eliz. f1854
  Emily wl881
  Geo. wl885
  Geo. W. f1859
  Hannah f1846
  Henry f1869
  Jac. fwl830, f1839
  Jno. fwl791, fwl841, f1843, f1849, f1854
  Jos. f1817, fwl867
  Jos. M. (2) fwl873
  Mary A.J. fwl869
  Sim. f1870
  Su. f1853
WOLFENSBERGER, Jno. fwl844
  Jos. S. f1853, f1881
  Louisa f1850
  Maria fwl846
WOLFERSBERGER, Barb. A. f1849
  Su. fwl832
WOLFESBERGER, Fredk. f1821
  Jno. f1823
WOLFINGER, Dav. f1838
  Jac. f1857
  Jno. f1878
  Mich. f1817, f1863
  Sam. f1823
  Sarah f1850
WOLFKILL, Eliz. fwl846
  Jac. fwl824, fwl840, f1847, fwl884
  Jno. f1808
WOLFORD, Ad. f1796
  Cath. f1825
  Dan. f1876, fwl876
  Henry f1824
  Jno. f1842, f1885
  Mich. f1824
  Wm. f1882
WOLLICK, Geo. f1885
WOLTZ, Elie fwl858
  Geo. f1813
  Pet. fwl808
  Sam. fwl814

WOODALL, Jno. f1814
WOODWARD, Jac. w1815
WOOLAND, Jno. fw1790
WOOLFELSBERGER, Jos. f1841
WORKING, Pet. f1792
WORLEY, Evan f1805
  Jac. f1839, f1842
  Tho. f1806
WORSTER, Fredk. B. fw1862
WREDE, Adaline f1881
WRIGHT, Chas. bet. 1796-1807
  Pet. fw1868
  Tho. fw1841, f1876
WYAND, Christian fw1878
  Sim. f1872
  Yost f1784
WYANT, Christian f1811
WYNKOOP, Cath. w1847
  Rich. fw1842

YACKLEY, Jac. f1785
YARROW, Acquilla f1832
YATES, Eliz. f1868
  Jos. fw1868
  Tho. Sr. f1788
  Wm. fw1786, fw1832
YEAKLE, Jac. f1809, f1844
  Jno. f1828
  Sam. fw1876
YEIDER, Ab. w1850
  Jno. fw1848
  Nancy f1868
YERTY, Ab. fw1854
  Dan. fw1841
  Jac. fw1856
  Magdalena f1855
YESSLER, Cath. f1845
  Henry f1839
  Jno. fw1869
  Mich. fw1888
  Sarah M. f1882
YINGLING, Dav. w1860
YOE, Ben. f1832
YOHN, Phil. M. fw1885
YONSON, Mary fw1868
  Pet. f1865
YONTZ, Cath. f1846
  Wm. f1805, f1845
YOST, Christian w1778
  Geo. f1809
  Mary A. f1879
  Mich. fw1876
  Minnie C. w1888
  Sam. K. f1889
YOUNG, Augustine w1784
  Barb. fw1851
  Barnett f1875

  Eliz. G. f1881
  Geo. fw1793, fw1885
  Henry f1829
  Jac. f1793, f1813, f1821
  Jno. f1824, f1841
  Jos. w1839
  Ludwig fw1795
  Sam. fw1838
  Thbd. f1836
YOUNKER, Christiana f1882
  Henry fw1887
YOURTEE, Geo. W. f1883
YOWLER, Cath. M. f1889
  Eliz. fw1872

ZACHARIAS, Cath. w1840
ZEICHA, Wm. f1813
ZEIGLER, Barb. f1835, f1853, f1863
  Chas. A. f1867
  Fredk. fw1857
  Fredk. K. f1887
  Geo. f1862
  Geo. H. f1866
  Geo. S. f1857
  Geo. W. f1886
  Henry fw1879
  Lewis f1863
  Sam. f1849
  Wm. fw1823
ZELLER(S), Ann M. f1843
  Dan. fw1865
  Henry fw1885
  Jac. w1794, fw1833, f1879
  Jno. f1850, fw1873
  Jonas f1835
  Jos. R. f1877
  Mary P. f1887
  Otho f1841
  Sam. fw1869
  Theresa f1875
ZENTMYER, Jac. f1880
  Mary f1851
  Nancy f1880
  Sam. fw1885
ZIGLER, Dav. f1823
  Geo. f1812
ZIMMER, Barb. fw1821
ZIMMERMAN, Ben. fw1877
  Cath. (2) fw1884
  Eliz. f1871
  Geo. f1868
  Israel f1824
  Jac. fw1856, f1869
  Jno. fw1886

  Jos. (2) fw1809
  Julian f1867
  Mary Ann fw1869
  Nicodemus fw1884
ZINCHAND, Ulrich f1858
ZINKAND, And. f1870
ZITTLE, Dan. fw1875
  Mich. f1850
ZOLL, Jac. f1882
ZOOK, Adaline f1881
ZUCK, Henry fw1825
  Jno. H. fw1836
  Mary f1845
  Mich. fw1807
  Rebecca f1882
  Susannah f1816
ZUG, Jac. fw1792
ZULL, Jac. f1860

ABBREVIATIONS

Aar.	Aaron	El.	Elias	Mcs.	Marcus
Ab.	Abraham	Eliz.	Elizabeth	Mich.	Michael
Ad.	Adam	Em.	Emmanuel	Nat.	Nathan
Alex.	Alexander	Flo.	Florence	Nath.	Nathaniel
And.	Andrew	Fr.	Francis, Frances	Pat.	Patrick
Ant.	Anthony	Fredk.	Frederick	Pet.	Peter
Arch.	Archibald	Geo.	George	Phil.	Philip, Phillip
Barb.	Barbara	Hzk.	Hezekiah	Ra.	Rachel
Bart.	Bartholomew	Jac.	Jacob	Rich.	Richard
Ben.	Benjamin	Jas.	James	Rob.	Robert
Bened.	Benedict	Jer.	Jeremiah	Rog.	Roger
Cath.	Catherine	Jno.	John	Rud.	Rudolph
Chas.	Charles	Jon.	Jonathan	Sam.	Samuel
Chris.	Christopher	Jos.	Joseph	Sim.	Simon
Conr.	Conrad	Josh.	Joshua	Sol.	Solomon
Dan.	Daniel	Leon.	Leonard	Su.	Susan
Dav.	David	Marg.	Margaret	Thbd.	Theobald
Edw.	Edward	Matt.	Matthew	Thdr.	Theodore
				Tho.	Thomas
				Tim.	Timothy
				Wm.	William

ERRATA

Page 1   ALTER, Eliz. f1821   was omitted between ALTER, Dav. 21823, 21831 and
                                   ALTER, Fredk. fw1814

Page 7   CHASE, Esther fw1841   these three names are repeated; they appear
         Rich. f1847   originally on Page 6, bottom of the third
         CHENOWORTH, Geo. L. f1825 column
         Phil. f1838
         CHESTER, Eliza f1859

Page 34 STAKE, Adaline S. f1876   all STAKE entries omitted between STAHL, Mich. fw1822,
         And. Kershner f1876   f1844
         Ann E. f1888   and STARTZMAN, Ann
         Ant. f1827   f1673
         E.C.W. fw1888
         Geo. fw1837, f1841
         Jno. fw1878
         Pet. f1822
         Rosanna fw1870
         Sam. M. f1869
         Wm. f1860

www.ingramcontent.com/pod-product-compliance
Lightning Source LLC
Chambersburg PA
CBHW061517040426
42450CB00008B/1664